EDITORA DO
CONHECIMENTO

Auxiliando a humanidade a encontrar a Verdade

Doutor de mim

Não é o tempo que está indo embora.
É a sua vida.

DOUTOR DE MIM
Não é o tempo que está indo embora.
É a sua vida.

Todos os direitos desta edição reservados à
CONHECIMENTO EDITORIAL LTDA.
Rua Prof. Paulo Chaves, 276 – Vila Teixeira Marques
CEP 13485-150 — Limeira — SP
Fone: (19) 3451-5440
www.edconhecimento.com.br
vendas@edconhecimento.com.br

Capa: Banco de imagens
Projeto gráfico: Sérgio Carvalho
Ilustração da capa: *shutterstock.com*

ISBN 978-85-7618-489-8
1ª Edição – 2019

• Impresso no Brasil • Presita en Brazilo

Produzido no departamento gráfico da
CONHECIMENTO EDITORIAL LTDA
grafica@edconhecimento.com.br

Dados Internacionais de Catalogação na Publicação (CIP)
Angélica Ilacqua CRB-8/7057

Guimarães, Maria Teodora Ribeiro
Doutor de Mim: não é o tempo que está indo embora : é a sua vida. / Maria Teodora Ribeiro Guimarães – Limeira, SP : Editora do Conhecimento, 2019.
252 p.

ISBN 978-85-7618-489-8

1. Autoajuda 2. Autoconhecimento 3. Espiritualidade I. Título

19-2537 CDD – 158.1

Índices para catálogo sistemático:
1. Autoajuda 158.1

MARIA TEODORA RIBEIRO GUIMARÃES

Doutor de mim

Não é o tempo que está indo embora.
É a sua vida.

1ª edição – 2019

EDITORA DO
CONHECIMENTO

Obras editadas pela **EDITORA DO CONHECIMENTO**

- *Viajantes - Histórias que o tempo conta*
- *Tempo de amar - A trajetória de uma alma*
- *Os filhos das estrelas - Memórias de um capelino*
- *Apometria hoje* – autores diversos (coletânea de artigos)
- *Terra dos Ay-Mborés*
- A saga dos últimos atlantes na Terra das Estrelas - o Baratzil
- *Trilogia - Os filhos das estrelas* – (pocket book)
- *Umbanda um Novo Olhar*
- O que todo espiritualista gostaria de saber
- *Egito Eterno - O legado dos deuses*
- *Umbanda de A a Z - vol. 2 - A umbanda milenar*

Outras obras do autor:

- *Terapia de vida passada*
Curso de formação de terapeutas - vol. I
Departamento editorial da Sociedade Brasileira
de Terapia de Vida Passada

- *Terapia de vida passada*
Curso de formação de terapeutas - vol. II
Departamento editorial da Sociedade Brasileira
de Terapia de Vida Passada

- *Terapia de vida passada - autores diversos*
Uma abordagem profunda do Inconsciente
Summus Editorial

O prazer é a felicidade dos loucos, enquanto a felicidade é o prazer dos sábios.

Jules Barbey d'Aurevilly
Romancista e crítico francês

Esta pequena obra é dedicada à nossa funcionária e amiga de duas décadas Rozilda Prado de Sousa Oliveira, cuja dedicação amorosa às atividades do dia a dia, sempre possibilitou a tranquilidade necessária para o desenvolvimento das tarefas clínica e literária ao longo dos anos. Além disso, sempre serviu como modelo exemplar de brandura e resignação, assunto por nós tão proclamado desde o princípio.

Agradeço aos meus amigos José Roberto Aragão e Rosana Brolezzi Rosário que auxiliaram, durante alguns anos, na elaboração técnica do blog que deu origem a este livro.

Um especial agradecimento às minhas amigas Márcia Aparecida de Oliveira e, novamente, Rosana, sempre presentes e correndo atrás do necessário para o término desta pequena obra.

Impossível esquecer o cafezinho de todos os dias na companhia de meus vizinhos Sonia e Domingos Siciliano, sempre acompanhado de um docinho e de uma conversa gostosa. A pausa que recarrega as baterias da alma.

Sumário

Apresentação

Nos caminhos desta humanidade pelo planeta fomos colhendo, aqui e ali, conhecimento e informações, lutando sem cessar para transformá-los em sabedoria. Sabedoria que amenizasse nossas passadas por este solo ainda tão árido.

Nas dificuldades da vida nem sempre conseguimos colocar em prática nossas nobres aspirações. Caímos e levantamos muitas vezes. Nossa alma cansada já prefere caminhos mais fáceis, mesmo que desprovidos de felicidade perene.

A proposta deste livro é mostrar um novo modelo de entendimento, onde o ser possa aprender, de forma simples e objetiva, o que fazer com tantos ingredientes de que se compõe a vida. Como conduzir sua alma de volta ao princípio, isto é, de volta a seu caminho original, sem precisar sofrer tanto.

Coisas como nossa permanente irritação ao ter que enfrentar as contrariedades. Nosso medo da morte e de deixar de ser quem somos. As confusões alheias que nos maltratam, mas acabamos aceitando. Nossa busca por um Deus que nos proteja. As maluquices das mídias sociais que invadem nossa vida. O egoísmo insano que impera entre os homens. O mundo da fantasia no qual nos refugiamos com nossas expectativas. A espera da felicidade verdadeira que nunca chega.

Enfim, nossas muitas dores. Tantas coisas que nos fazem sofrer sem que vislumbremos uma saída digna.

Vamos aprender a diagnosticar e modificar esses e outros males que assolam nossa alma, perdida neste mundo onde o sofrimento parece ser a regra. Descobrir os porquês de nossas dores, descobrir quem somos e assumir o controle de nossas vidas.

Não vamos mais esperar que a felicidade bata à porta e nem delegar à terceiros essa função. A vida está indo embora e nós nos transformamos apenas em espectadores. Vamos nos transformar em protagonistas e diretores desse lindo presente que se chama o filme de nossas vidas.

Um filme sobre o amor, sobre solidariedade e compaixão, que ao fazer nossas almas brilharem na escuridão do planeta, iluminará tantas outras.

Prefácio

Este livro se destina a todos aqueles que buscam por um farol que ilumine suas verdades.

Não verdades exteriores, aquelas vindas de fontes obscuras, midiáticas e muitas vezes ambíguas, ou ainda aquelas que pertencem à outras pessoas e que contaminam, diuturnamente, nossa vida e nosso querer. Também não são as do passado que procuramos. Aquelas de outros tempos e que não nos servem para nada no momento presente.

Procuramos aquelas escondidas na profundidade de nossas almas, as quais, na maioria das vezes, não conhecemos. E, se as vislumbramos, fingimos não saber. Passamos ao largo, procurando nos distanciar daquilo que é tão pouco lisonjeiro, sem perceber que o enfrentamento nos pouparia um sem número de sofrimentos.

São as verdades que se encontram sufocadas, aprisionadas pelos grilhões construídos por nossos temperamentos, condicionamentos e defeitos, que são sua parte tangível, apresentadas a todos quando temos que lidar com os problemas da vida, especialmente com as contrariedades.

Neste livro vamos encontrar tópicos como "Quem sou eu?" ou "Você está sofrendo?", escritos com uma linguagem de fácil entendimento, permitindo ao leitor a oportunidade de penetrar em profundos conceitos da moderna psicologia, com uma abordagem leve, no estilo da autoajuda. Isso incentiva e traz esperança de autocura, já que objetiva o alívio e solução definitiva de nossas dores emocionais.

Mas, para conseguirmos realmente promover nossas modificações interiores em direção à cura, nossas ações transformadoras podem começar por uma reflexão humilde e honesta guiada pelos capítulos deste livro.

Só assim reconheceremos as dificuldades causadas pela nossa maneira habitual de reagir às provocações da vida, que são os nossos defeitos. De repente queremos tudo do nosso jeito ou achamos que somos melhores que os outros, por exemplo. Podemos também, quem sabe, ser insensíveis ou egoístas. Não importa de fato, porque sofreremos de qualquer maneira se não nos modificarmos. Jamais seremos amados.

Soma-se a isso o fato de que, muitas vezes, precisaremos abrir mão de coisas que acreditamos ser as melhores ou as mais corretas. Coisas ditadas por costumes antigos ou por grupos conhecidos ou ainda pela competitiva sociedade em que vivemos, por exemplo. Coisas que repetimos, seguimos ou gostamos, mas que, geralmente, são frutos das cabeças de outras pessoas, hoje ou ontem. Coisas que nada têm a ver conosco. E não provém nossa felicidade. Agimos como autômatos, sem pensar. São os nossos condicionamentos.

Como podemos perceber, somos indivíduos formados de diversos tipos verdades que vamos acumulando e digerindo através dos tempos. Pseudoverdades, nem certas e nem erradas, mas que, definitivamente, não são as nossas, nem as de nossas almas.

Sabemos que não é uma jornada fácil, pois o processo pode ser longo e dolorido. Como se percebe a chave de nossa cura passa por descobrirmos quem realmente somos. Ao admitirmos quem somos, iniciaremos o processo de partirmos os laços com o passado, aquele que já não nos ajuda em nada. Começaremos a viver no presente, onde iremos deixando para trás nossos defeitos, temperamentos e condicionamentos. Para conseguirmos essa proeza teremos que sair de nossa zona de conforto, onde sofremos, mas é onde estamos acomodados.

Bem, chegamos então à conclusão que ser feliz dá um pouco de trabalho e que só através do esforço próprio conseguiremos a tão sonhada felicidade.

Nas páginas que se seguem o leitor encontrará todas as explicações e caminhos que precisará percorrer, passo a passo, de forma didática, onde a autora ensina, de maneira repetida e acessível, como tirarmos as máscaras que impedem nossa felicidade.

E como encontrar a desejada felicidade? Simplesmente sendo mais conscientes, isto é, mais despertos e atentos para nossa vida e o mundo que nos cerca. Por isso nossa meta é a chamada felicidade consciente. Venha encontrar esse farol que pode iluminar a sua vida.

Rosana Brolezzi Rosário

Introdução

Felicidade é estar consciente de quem somos de fato. É querer abrir mão dos próprios defeitos. É aprender a se desapegar das coisas e dos jeitos de lidar com a vida que não servem para mais nada. É ter consciência que suas dificuldades podem magoar os outros. É perceber, afinal, que o mundo não gira ao seu redor e que ele não existe para atender suas expectativas.

Você pode estar buscando a felicidade em lugares errados, isto é, no mundo exterior. E, nesse processo, não percebe que a felicidade é um processo mental, interior, da alma. Neste caso, no entanto, sempre seria bom saber se você tem certeza que o que existe no seu mundo interior é confiável, maravilhoso, livre de defeitos e contradições.

Neste pequeno livro publicaremos textos curtos e simples, com aplicações práticas, que o ajudarão a atingir a verdadeira felicidade através de um processo de autoconscientização sobre quem é você, verdadeiramente.

Você será conduzido para uma breve viagem a seu mundo interior e aprenderá a raciocinar melhor sobre as coisas que o fazem sofrer, passando pelos seguintes temas:

1. O despertar do ser humano para o fato ser um prisioneiro.

– O indivíduo é prisioneiro de seus defeitos, de seu temperamento e de seus condicionamentos.

– Como se formam seus defeitos.

– Afinal, o que é temperamento e como ele atrapalha sua felicidade?

– Identificação dos agentes que o manipulam e condicionam por interesse.

– Saber que é possível uma modificação pessoal através de uma ação consciente para deixar de sofrer.

2. Quem sou eu? Um olhar interior.

– Através de uma atitude mais humilde e consciente, encontrar a verdade que possibilita ao indivíduo descobrir a sua essência, aquela que o faz sofrer.

– Quais são as necessidades reais de cada um quando se eliminam as condicionadas por terceiros?

– Quais são as expectativas que foram sendo criadas ao longo da vida e como lidar com elas?

– As imperfeições comuns do ser humano.

3. Ações para a libertação.

– O que cada indivíduo está disposto a fazer pela sua felicidade.

– Saber investigar as razões verdadeiras do sofrimento sem se considerar uma vítima da vida ou de terceiros.

– A necessidade indispensável de se ficar atento às próprias emoções e pensamentos.

– O aprendizado e desenvolvimento da empatia e da compaixão.

– A difícil arte de viver o agora, no presente.

– Aprender a colocar na prática as modificações já compreendidas e aceitas.

– Descobrir e trabalhar o oposto de suas imperfeições.

– Identificar as possíveis fontes de ajuda que o rodeiam.

– Abrir a mente para os diversos modelos de entendimento apresentados por cada uma das fontes de ajuda.

– Perceber que não existem verdades absolutas.

– Aprender a diferenciar expectativa de esperança, o que sempre possibilita ao ser dar mais um passo em direção ao autodescobrimento.

– Tomar consciência das distrações que impedem as ações efetivas para sua felicidade.

4. Escolher entre o sofrimento e a felicidade real.

– Afinal, do que se trata mesmo a tal felicidade?

– O despertar do ser. O reconhecimento das verdadeiras causas de seus sofrimentos. O aprendizado de como aplicar na vida o que aprendeu.

Não perca mais seu tempo esperando que o mundo, manifestado ou invisível, resolva os problemas por você ou que ele amenize suas dores. Arregace as mangas, saia de sua zona de conforto, modifique-se e ame mais, a si mesmo e aos outros.

Cure-se e conquiste sua liberdade.

Seja doutor de si mesmo.

Ao fim desta viagem você poderá escolher, de forma verdadeiramente livre, entre sofrer ou ser feliz.

Maria Teodora Ribeiro Guimarães
Primavera de 2019

1. O ser é prisioneiro de seus defeitos e condicionamentos

Como dizia um antigo sábio, até você agir, você é livre. Depois disso, todavia, o efeito de sua ação, interna ou externa, será de sua responsabilidade e jamais será apagada.

Admita: você é um prisioneiro

Embora pareça assustador admitir-se um prisioneiro, ter consciência desse fato pode impulsionar o ser para sua libertação verdadeira.

No mundo atual costuma-se creditar a liberdade às inúmeras possibilidades que se apresentam aos chamados vencedores dentro de valores materiais, isto é, àqueles que têm condições de fazer ou dizer o que quiserem. E a mesma liberdade é atribuída aos que se pautam por atos de rebeldia, dos mais variados tipos. Ela também pode ser imaginada por aqueles que se acham muito espertos ou iluminados.

O indivíduo sente-se forte e livre, sem perceber que vive de acordo com condicionamentos trazidos de tempos passados ou aprendidos no presente, como, por exemplo, vestir-se nas tendências da moda, curtir o que todo mundo curte nas redes sociais ou aclamar os mesmos ídolos. E, de forma mais sofisticada, determinar objetivos de tabloides como meta de vida, discutir sobre todas as cores com a condição que no final tudo seja branco ou desejar as mesmas coisas dos demais elementos de sua tribo.

Qual é a sua tribo?

Sim, como sempre foi, a sociedade parece dividir-se em tribos onde se reúnem, mesmo que à distância e movidos apenas por convicções, indivíduos com condicionamentos e, muitas vezes, defeitos parecidos.

Num exemplo dramático, apenas quantitativamente pior que a maioria, poderíamos citar o egoísta que se reúne com seus semelhantes nas famosas festas para sexo e drogas. Não dá a mínima atenção ao sofrimento de familiares preocupados ou desgastados com sua promiscuidade e nem mesmo aos próprios companheiros, dos quais também abusa.

Estão condicionados ao pensamento imposto pelo grupo de que liberdade nada mais é que o poder de uma atitude rebelde e que a sociedade não passa de um agrupamento retrógrado e idiota.

Não percebem que se aprisionam num pequeno mundo habitado por seres, próximos ou virtuais, que os acolhem apenas por partilharem os mesmos defeitos.

Santo ou rebelde?

Num olhar mais amplo poderíamos extrapolar para o oposto, para aqueles que precisam, desesperadamente, se sentirem bons. Podem optar, por exemplo, por dedicar-se com fanatismo à uma religião ou seita, onde chegam a se aprisionar em dogmas pouco razoáveis e quase impossíveis de serem cumpridos pelo ser humano comum. Ou em metas absurdamente difíceis de serem realizadas.

Suas vidas giram em torno de culpas pelas pequenas falhas, colocando-se sob o jugo de outros condicionamentos, como, quem sabe, o de que precisam ser perfeitos. Muitas vezes, todavia, corroídos por uma secreta vaidade que paira sobre sua estranha bondade, já que muitos buscam reconhecimento de suas ações, se aprisionam entre seus pares, turvados ao verdadeiro sentido da compaixão e amor desinteressado.

Faça sua escolha: prisão ou liberdade?

Desta maneira, egoísmo e vaidade, entre tantos outros defeitos, assim como condicionamentos de rebeldia ou de perfeição, também entre muitos outros, impedem o ser de alcançar uma libertação verdadeira.

Na medida que o indivíduo se posiciona na vida sem perceber, verdadeiramente, quais escolhas está exercendo de forma consciente e sem se importar em descobrir quem é de fato, se aprisiona aos modelos que sempre impediram seu crescimento interior e, por consequência, a própria felicidade.

Entre os dois exemplos, numa gama interminável de situações humanas, estamos todos nós.

Conclusões:

– Defeito é a maneira como aprendemos a lidar com os problemas da vida, desde sempre. Em tempos passados, tudo se resolvia quando éramos ou agíamos de determinado modo, independentemente de ser ou não ético.

– Condicionamento é a forma de agir e pensar pela cabeça dos outros. Por impulso, sem reflexão, sem razão e sem verdade.

– Como dizia um antigo sábio, até você agir, você é livre. Depois disso, todavia, o efeito de sua ação, interna ou externa, será de sua responsabilidade e jamais será apagada.

2. Como se formam os nossos defeitos?

> Fomos criando caminhos mentais, verdadeiras estradas e agora só sabemos andar por elas, isto é, acostumamo-nos a fazer sempre uma mesma rota, a reagir sempre da mesma maneira frente às dificuldades do dia a dia.

Muitos se constrangem quando o assunto passa pelos defeitos humanos. A menos que o ser seja perfeito e paire acima do bem e do mal, todos têm defeitos.

Seria o defeito apenas a falta do aperfeiçoamento de um sentimento positivo, como a empatia ou a generosidade, por exemplo? Se assim fosse seria muito simples, pois bastaria aperfeiçoar a qualidade oposta. Essas conclusões poderiam, no máximo, ser um bom exercício, mas as causas mais coerentes passam bem longe disso.

As prováveis causas

A grande questão é que, durante muito tempo, acostumamo-nos a responder ou lidar com a vida de determinada maneira, simplesmente, porque era prático ou funcionava.

Usando um modelo que contempla a sucessão de vidas, poderíamos pensar que condições sociais e morais, além dos dramas e traumas das diversas épocas, assim como os costumes, favoreciam ou permitiam nossas falhas de caráter. Se pensássemos apenas numa única vida, numa sucessão de milhares de momentos que já experimentamos, não seria muito diferente.

Ficamos condicionados. Fomos criando caminhos mentais, verdadeiras estradas e agora só sabemos andar por elas, isto é, acostumamo-nos a fazer sempre uma mesma rota, a reagir sempre da mesma maneira frente às dificuldades do dia a dia.

O problema pode ser agravado por duas circunstâncias: a primeira é que, geralmente, não percebemos o absurdo de nossas reações, pois não prestamos atenção ao que sentimos ou fazemos. A segunda razão é porque podemos recolher lucros secundários, como, por exemplo, justificar nossas teses de vidas ou ainda exibir nossas emoções favoritas.

Como assim?

Uma pessoa que vem, através dos tempos, acostumada a sobreviver oscilando entre posturas de algoz, que é aquele que quer tudo do seu jeito e posturas de vítima, aquela que pode se queixar à vontade, pois dela nada se espera, não aprendeu a resistir aos embates da vida de maneira mais saudável.

Como não mais existem, nos dias de hoje, razões verdadeiras nem para uma posição nem para outra, fica perdida. Atualmente, ninguém mais aceita ser dominada por ela, fazendo com que se transfira, sem perceber, para o plano B, o papel da vítima, que é justamente o outro caminho, que também lhe é familiar. Além disso, ela recolhe o lucro secundário de receber afagos, já que é uma coitada.

Então, inconscientemente, dá um jeito de adaptar seu defeito principal, que é a prepotência do antigo algoz, para uma eterna lamentação, como a antiga vítima, já que a vida não mais lhe rende a obediência do passado.

Teses de vida e sentimentos favoritos

Já que ninguém mais liga para suas ordens ou desejos, como acontecia no passado, sua tese de vida gira em torno de que ninguém a ama e que, portanto, é mesmo uma vítima. Seu sentimento favorito é uma aparente tristeza. Aparente porque a ninguém contagia, já que a emoção verdadeira é a raiva por não ter suas vontades atendidas.

Se pudéssemos fantasiar diríamos que não somos mais nem os senhores de escravos e tampouco os próprios escravos. Também não somos mais nem as crianças mimadas e cheias de vontades da mamãe e tampouco as espancadas por pais impacientes. Isto é, a sociedade não aceita que imponhamos nossos desejos, mas também não nos reconhece como vítimas.

E agora?

Agora tudo isso implica, em primeiro lugar, admitir e repensar nosso estilo de vida e, depois, estarmos atentos e resignados com o momento atual, pois antigas maneiras de lidar com as dificuldades da vida não mais funcionam. Isso significa abrir mão de nossos desejos e estarmos dispostos a fazer as necessárias modificações interiores. O dia de hoje não mais nos permite dar largas aos nossos defeitos.

Conclusões:

– Defeitos são aqueles pensamentos, que se traduzem em maneiras, quase irracionais, com as quais nos acostumamos a lidar com as dificuldades da vida. Tipo: "Sou mais esperto que os outros."

– Tese de vida é um conjunto de decisões que determinam, inconscientemente, como será nossa vida e o que devemos esperar dela. Tipo: "Nasci para sofrer."

– Lucro secundário acontece quando, frente a uma atitude negativa nossa, as pessoas passam a notar mais nossa presença, de uma maneira não necessariamente boa. Tipo: "Ah! Coitadinha."

Abaixo temos um quadro com nossos mais comuns defeitos, aqueles que impedem nossa felicidade e que podem variar muito em intensidade.

Defeito	**Significado**	**O que acontece conosco**	**Reação das pessoas**
Prepotência	Queremos tudo do nosso jeito	Nos vitimizamos	Se irritam conosco
Egoísmo	Só pensamos em nós mesmos	Ficamos sozinhos	Nos criticam ou nos ignoram
Arrogância	Achamo-nos melhores que os outros	Ninguém mais acredita em nós	Fazem chacota pelas nossas costas
Intolerância	Somos chatos e agressivos	Ninguém gosta de nós	Nos tratam com agressividade ou desprezo
Inveja	Queremos a felicidade dos outros	Nos frustramos	Nos acham melindrosos ou hipócritas

3. Você sabia que está sendo manipulado?

No dia a dia da vida, as redes sociais e outras mídias, além dos outros agentes citados anteriormente, estarão sempre prontos e a postos para nos dizer o que pensar, sentir, fazer ou escolher. Quase nada é, genuinamente, vontade nossa.

Não precisar pensar é muito confortável

Embora seja difícil de acreditar precisamos despertar para o fato de que somos manipulados o tempo todo. E toda manipulação pode gerar um condicionamento.

Por mais que isso possa parecer ridículo, essa manipulação existe, quer de maneira inconsciente ou por interesse calculado de outros.

"Impossível! Sou um ser consciente!" _ diriam alguns.

Pois é. Somos conscientes, mas também manipulados.

Como é possível?

O problema é que entendemos o estar consciente como estar acordado, isto é, com os cinco sentidos alertas. Esse pensamento, todavia, é um conceito extremamente limitado.

Na verdade, deixamo-nos manipular porque, além de não prestarmos atenção ao verdadeiro bombardeio de sugestões captadas por nossos sentidos no dia a dia, também é muito prático não ter que pensar para tomar decisões. É muito mais fácil consumir o que vem pronto.

Jogando fora a felicidade

Condicionamentos inconscientes são aqueles vindos do nosso passado, que vamos repetindo distraidamente. Mas, quando passamos a nos sujeitar, quase cegamente, às ideias e propostas oferecidas pelos outros, passamos a falar em manipulação.

Os maiores agentes de manipulação de pessoas, dos quais poucos se dão conta, são as mídias, as religiões, a família, a política, entre outros.

Encontramos um exemplo simples no mundo corporativo, que manipula e gera condicionamentos em cima das expectativas da empresa, enganando o funcionário. O indivíduo, já fisgado por outro condicionamento, aquele que envolve a obrigação social de sucesso, que lhe forneceu um modelo deturpado do que significa a felicidade, é facilmente seduzido a acreditar, por exemplo, que para atingir a tal felicidade, precisa trabalhar exageradamente. Não sabe mais viver um só minuto sem seu notebook ou sem levar serviço para casa, em detrimento muitas vezes da família e da própria saúde.

Não percebe que a sua verdadeira felicidade, no aqui e agora, está sendo jogada fora ou então postergada para um possível futuro do qual não tem nenhuma certeza ou controle, trocando-a, sem perceber, pelo cumprimento da expectativa fria e impessoal de lucro da empresa.

Parece não lembrar daquilo que já viu acontecer várias vezes com colegas, isto é, na primeira oportunidade de otimizar lucros, os dedicados e adoecidos servidores são despedidos sumariamente, sem que seu sacrifício seja lembrado. Até porque seus superiores já foram também trocados uma dúzia de vezes e ninguém os conheceu de fato.

O mundo está sempre nos dizendo o que fazer

No dia a dia da vida, as redes sociais e outras mídias, além dos outros agentes citados anteriormente, estarão sempre prontos e a postos para nos dizer o que pensar, sentir, fazer ou escolher. Quase nada é genuinamente vontade nossa.

Desde o corte de cabelo que você usa até o partido político que você apoia, passando pelo time pelo qual torce, nada disso foi de fato uma escolha consciente sua. Se você pensar com sinceridade, o cabelo que você usa está na moda na TV e todos copiaram. O partido político que você defende, tem dirigentes que seguem, muitas vezes, na direção que o vento sopra, cheios de fisiologismos temporários, já que tudo depende dos acontecimentos. E o time pelo qual você torce, na maioria das vezes, é uma tradição de família. E daí por diante.

Estar presente e alerta

Desta maneira, apenas uma ação consciente através da atenção, e da posterior reflexão, pode libertar o indivíduo, pois toda ação inconsciente vai gerar sofrimento em algum momento. A alienação impede a felicidade, especialmente quando se percebe que tudo está vinculado a sermos verdadeiramente conscientes.

Conclusões:

– O ideal é ter atenção para perceber as iscas que a vida oferece para enredar-nos em interesses que nem sempre são os nossos.

– Repetimos comportamentos do passado ou nos sujeitamos a ideias alheias sem sequer notarmos.

– Além de identificar o que não é nosso ou não é do presente, refletir sobre isso pode libertar e prevenir sofrimento.

4. A verdadeira natureza humana

Na dualidade eterna do planeta entre física e metafísica, ciência e espiritualidade, plano material e planos suprafísicos, o que afinal teria nos trazido a este momento?

Estaria o tempo passando mais depressa?

Continuando a pensar no mundo que nos rodeia, reparou como alguns temas atuais vão se tornando recorrentes, tais como a impressão de que existe uma aceleração das atividades em geral e de que o tempo está passando mais rápido? Você já se pegou falando isso?

Notamos ainda uma sucessão de grandes acontecimentos mundiais e mudanças nas relações humanas como nunca antes visto, entre outras coisas. As justificativas passam por diversas áreas do conhecimento e, até mesmo, por uma suposta mudança planetária, com portais abrindo passagens para outras dimensões ou para outros mundos. De repente, é até como se houvesse uma interessante mudança do entendimento sobre a grande consciência universal.

A ansiedade gerada pelo desconhecido

Quando encontramos algo novo e não o compreendemos, muitas vezes, optamos por explicações esotéricas, o que significa apenas procurar esclarecimentos ocultos, usando tradições filosóficas ou religiosas que façam parte de nossas crenças.

Todavia, muitas alterações tecnológicas e sociais ocorreram nos últimos anos e se transformaram também naquele algo novo e incompreensível para muita gente, gerando, igualmente, interpretações transcendentais, até porque, de fato, são mesmo coisas extraordinárias.

A Internet que conhecemos teve início nos anos 90 com a criação do famoso www e foi impulsionada pelo avanço impressionante das tecnologias digitais, como os microprocessadores, que nos permitiram ter em casa, ou mesmo no bolso, computadores de alta performance. As capacidades de processamento dos computadores cresceram a uma taxa inimaginável de 55% ao ano.

A revolução que está transformando a nossa vida

Estamos vivendo a maior revolução tecnológica no planeta; muito mais impactante e rápida que a das grandes navegações ou da revolução industrial. Hoje mais de 3 bilhões de pessoas estão conectadas na Internet, com acesso imediato a um número impensável de informações. Vivemos uma nova era: a era digital.

Esse novo período tem causado impacto em todos os segmentos da sociedade e da vida, tais como as relações humanas e suas consequências emocionais, além da cultura, política e poder, trabalho, educação e religiosidade. Tais decorrências ainda são estudadas de forma insipiente, pois a velocidade das mudanças tecnológicas é muito superior à capacidade de análise da sociedade em suas várias frentes.

Dependências e vícios digitais, por exemplo, são comuns e conhecer alguém que sofre desse problema já é uma realidade, mostrando claramente os fortes efeitos psicológicos dessa nova era. Hoje temos disponíveis blogs, websites, vídeos, áudios, imagens e jogos de todos os tipos e a qualquer hora, onde quer que estejamos. Será que temos capacidade para gerenciar todas essas informações?

Exigências novas para um homem antigo

Aproveitamos as muitas vantagens digitais desse novo mundo, mas também somos exigidos por isso, pois não podemos mais dizer que desconhecemos algo. Basta dar uma busca no Google, por exemplo, para termos acesso a milhares de informações sobre qualquer assunto.

Dessa maneira, nossas novas percepções podem não ser uma simples consequência de vivermos uma nova fase do planeta ou da consciência universal, mas sim, originadas por uma nova era tecnológica, que alterou a forma, a intensidade e a velocidade com as quais compreendemos o mundo, alterando nossas relações com ele.

Será que se um grupo de pessoas fosse isolado por longo período em uma ilha, sem acesso às novas tecnologias, suas percepções de mundo, com as devidas consequências, não seriam semelhantes às de indivíduos que viveram séculos atrás?

O que teria nos trazido até este momento?

Na dualidade eterna do planeta entre física e metafísica, ciência e espiritualidade, plano material e planos suprafísicos, o que afinal teria nos trazido a este momento? As mudanças sentidas são advindas da evolução tecnológica ou a evolução da tecnologia foi causada pelas mudanças do ser e das energias planetárias? Cada um tem o direito de escolher.

Qual a verdadeira natureza do homem?

De qualquer maneira, a psicologia dos dias atuais não pode mais ignorar esses aspectos e continuar presa e engessada em antigos padrões de entendimento. Não seria a hora do velho discurso onde o homem é apenas um ser biopsicossocial sair da teoria estagnada onde se encontra? Isto significaria começar a observá-lo em toda sua grandeza, àquela que escapa ao simples isto ou aquilo, terapia ou remédio, contemplando-o com todas as possibilidades de entendimento fora da dualidade limitante.

A duras penas a vanguarda destes pensadores modernos já conseguiu, neste século, acrescentar ao velho homem sua esquecida porção espiritual.

Porque não acrescentar agora a visão que o extraordinário não existe e esse mesmo homem é capaz de se modificar e impulsionar seu pensamento com uma poderosa vontade; capaz de interferir no universo com sabedoria e promover ativamente seus próprios milagres? Para si mesmo e para todos os seres do planeta.

Pense nisso. Você é muito maior do que pensa ser.

Conclusões:

– Nossas percepções de mundo estariam mudando em função de releituras de posturas esotéricas ou em função de tecnologias digitais emergentes?

– Afinal, quem tem razão: os cientistas ou os espiritualistas herméticos?

– Talvez, um dia, quando abandonarmos a questão da dualidade, possamos achar as respostas para os fenômenos inquestionáveis deste novo momento que estamos começando a viver.

– E, para agora, é preciso redimensionar o homem em sua verdadeira natureza, o que possibilitaria que cada ser cuidasse melhor de si mesmo.

Observação: nas páginas seguintes apresentaremos o desenrolar da vida de alguns personagens, onde poderemos observar e analisar nossos principais defeitos e condicionamentos.

5. Três mil anos se passaram e continuamos na mesma – O egoísmo

Um dos maiores defeitos da humanidade é o egoísmo. Como principal causador das tragédias que nos assolam até os dias de hoje, ele nos faz pensar apenas nas nossas necessidades, desejos e expectativas. Os outros que se danem.

Consegue imaginar?

Imagine que você tivesse vivido 1.200 anos antes de Cristo, na China ancestral.

Seu nome seria Yu. Lin Yu. O quarto filho de uma família de nove irmãos. Seis rapazes e três moças. Você viveria numa aldeia de pescadores, num lindo vale chamado Changjiang e trabalharia com sua família na produção de pequenos, mas reforçados barcos de pesca.

Na época que imaginamos sua história você teria apenas 18 anos, mas era forte e ágil como um touro. O mais robusto dos irmãos. O terceiro entre os homens.

Naqueles tempos prevalecia um patriarcado impiedoso, onde as mulheres eram pouco mais que serviçais ou animais de procriação e satisfação dos desejos sexuais masculinos. As filhas não podiam sair das residências para ajudar na subsistência e, desta maneira, as famílias tratavam de se livrar delas o mais rapidamente possível através de casamentos arranjados.

A morte do pai num acidente não foi chorada por ninguém. Era um verdadeiro tirano com todos e, em especial, com as meninas, nelas descarregando todo e qualquer aborrecimento do dia a dia. Socos e bofetadas eram frequentes. Com seu desaparecimento, Lin Deng, o violento e cruel irmão mais velho, tratou logo de transformar suas vidas num inferno. Surras, gritos e choros se transformaram em regra, sendo contido apenas pelo bondoso Lin Xi, o segundo irmão, que sempre se interpunha e impedia as agressões quando estava em casa.

Xi cobrava de Yu uma reação contra o mais velho, mas este lhe dizia que aquilo não era responsabilidade dele.

"Então por que razão você nasceu aqui e agora?" _ perguntava indignado _ "Você é o mais forte. Pode detê-lo!" _ Quase implorava.

Olhos e coração vendados

Yu e Deng trabalhavam na oficina da casa enquanto Xi viajava bastante com outros parentes, consertando os barcos de toda região. O primeiro filho aproveitava sua ausência para recomeçar as sessões diárias de tortura. Yu a tudo assistia ou ouvia, mas, como sempre, fingia não notar. Continuava com seu trabalho ou então saía para conversar com os amigos e primos no cais. Suas irmãs eram alvo de chacota, pois tinham os rostos deformados por cicatrizes. Ele apenas ria junto.

Xi não sabia de tudo o que acontecia em sua ausência. O irmão não lhe contava e as mulheres não tinham voz. Os outros três irmãos eram muito pequenos ainda. A mãe implorava ajuda de Yu com os olhos, mas ele a ignorava. Já havia decidido que cuidaria apenas de sua vida. Não tinha nada a ver com aquilo. Arranjaria uma boa mulher e se casaria, saindo dali.

O observador negligente

Entretanto, com o tempo, Deng começou também a violar sexualmente as moças e todas engravidaram, inclusive a de 13 anos. Numa noite, ao ouvir gritos abafados, Yu chegou a presenciar um desses ataques e, como sempre, se calou, mesmo sabendo que aquilo destruiria a vida delas.

"Serão mesmo usadas pelos maridos um dia. Muitas e muitas vezes. Não é para isso que servem as mulheres? Então, não faz muita diferença." _ Se isentava de qualquer culpa, mesmo sabendo que esse futuro não existia para elas naquela sociedade preconceituosa. Enquanto isso acontecia apenas continuava a tocar sua vidinha.

No retorno de uma de suas viagens Xi se deparou com a situação e se desesperou, não sendo difícil a ele concluir quem seria o autor de tais crimes. Os irmãos discutiram asperamente, terminando por ser esfaqueado e morto. Em sua morte levou consigo toda e qualquer esperança de felicidade das pobres meninas.

Como resultado, Deng contou aos familiares que matara o irmão em defesa da honra das irmãs, acusando-o dos estupros. O avô ordenou silêncio e que os bebês, quando nascessem, fossem entregues às primas casadas que viviam em vilas próximas.

A irmã mais nova morreu no parto junto com seu filho. A mais velha suicidou-se pouco tempo depois e a do meio, assim como a mãe, desistiu de viver, morrendo ambas de doenças pulmonares no primeiro inverno, sem procurar tratamento.

Levando a vida

Yu continuou com seus planos. Casou-se com uma moça bonita e ganhou do avô recursos para abrir um pequeno negócio em outra vila, alegando que não suportava mais viver naquele lugar de tantas tragédias.

Nunca mais voltou, desinteressado do destino dos três irmãozinhos menores. E viveu muito bem até quase os cem anos. Sem culpas, remorsos ou preocupações.

Defeitos ancestrais

Como você pode ver, se tivesse nascido no vale do Changjiang, você poderia ter os mesmos defeitos que as pessoas têm hoje. Sabemos que os dois principais defeitos de nossa humanidade, que parecem só trocar de fantasia no decorrer dos tempos, são o egoísmo e a prepotência. Ambos levam à falta de compaixão.

Lin Yu foi egoísta, sempre escalando seus próprios condicionamentos e expectativas para justificar sua omissão. Um de seus condicionamentos dizia respeito ao papel da mulher naquela sociedade e sua expectativa era, literalmente, casar-se e se dar bem. Não percebia que também tinha problemas, como a indiferença, a falta de compaixão, a covardia e, principalmente, o egoísmo.

Trocando as épocas e os condicionamentos, diminuindo talvez o nível das tragédias que causamos, continuamos, muitas vezes, a fazer as mesmas coisas. Fingimos que os problemas alheios não são de nossa responsabilidade. Não interferimos de maneira alguma no universo. Nos tornamos, com frequência, indiferentes às dores dos outros e priorizamos sempre nossas próprias vidas e as expectativas que criamos. Não temos sequer empatia. Quanto mais compaixão.

Desde tempos imemoriais esta humanidade se acostumou a andar sempre pelos mesmos caminhos, com atalhos individuais aqui e ali, com cada ser reagindo sempre da mesma maneira frente às dificuldades do dia a dia.

As reações de Lin Yu na época poderiam ser, até certo ponto, compreensíveis, mas nós, três milênios depois reagirmos da mesma maneira, não faz mais sentido.

E Lin Deng? Bem, ele também continuou com sua vidinha, logo arrumando outras pessoas para mandar e atormentar. No fundo ele era um Lin Yu piorado. Apesar de egoísta era também muito prepotente, fazendo tudo que lhe dava na cabeça e da maneira que lhe convinha, sempre dominando e decidindo as vidas de outras pessoas. Lembraremos dele qualquer hora.

Conclusões:

– Um dos maiores defeitos da humanidade é o egoísmo, pois ele é, provavelmente, o principal causador das tragédias que assistimos hoje em dia, impassíveis ou não. Desde os sofrimentos diuturnos ao nosso redor até os crimes de guerra.

– O egoísmo nos faz pensar apenas nas nossas necessidades, desejos e expectativas. O outro que se dane, pois não é problema nosso.

– Ele nos carrega para a indiferença e, muitas vezes, para uma cegueira emocional, onde nossa única visão é nosso próprio umbigo.

Observação: a história de Lin Yu, observada em sessão de terapia de vida passada, foi extraída do livro *Tempo de amar - trajetória de uma alma*, da mesma autora, e analisada para esta obra.

6. Quem manda aqui sou eu – A prepotência

Gostamos de mandar e de tomar, por consequência, decisões sobre a vida dos outros, sem nos incomodarmos, ou fazendo vistas grossas, à irritação e sofrimento que isso pode causar.

Na Roma antiga

Imagine se você tivesse vivido no primeiro século depois de Cristo em Roma. Pode imaginar?

Seu nome seria Ciro. Único filho de Marcus e Alexandra, escravos na casa de Mucio, o rico centurião.

Com a morte prematura de seus pais numa epidemia, quando ainda criança, o bom Mucio o tomaria a seus cuidados e você viveria feliz apesar de ser também um escravo, adorando seu senhor, que o trataria como um filho.

Aos 20 anos Ciro havia se tornado uma espécie de escudeiro doméstico do já velho, mas ainda famoso centurião. Quase uma sombra que o seguia para todos os lados, não apenas dentro de casa, mas por toda Roma, para o agrado de Mucio, que gostava de sua companhia. Andavam lado a lado, para o espanto dos invejosos de plantão.

Ciro, assim como os demais serviçais da casa, era extremamente agradecido aos deuses por viver com tanta dignidade, mesmo sendo apenas um escravo. E o ancião, que já caminhava com passos curtos e apoiado numa espécie de bengala, era muito amado por sua generosidade ímpar.

Sabendo de seu anseio de também se tornar um soldado, por volta dessa idade foi enviado por Mucio para ser treinado nos campos de Lívio, um dos mais famosos generais da grande cidade, onde foi recebido com especial atenção por ser seu protegido. Uma honra desmedida e só reservada à nobreza.

Não existiam palavras para agradecer tanta bondade. Jurou para si mesmo que nunca decepcionaria seu benfeitor.

O centurião atencioso

E assim se fez. Os anos passaram. Subiu de postos, rapidamente, por seu desempenho. Era dedicado e corajoso, além de sempre preocupado com o bem-estar de seus soldados. Passou a comandar grandes exércitos e se tornou muito querido, tendo sua fama corrido por todo o império.

Seu bom protetor já havia morrido há muito tempo, mas seus nomes estavam associados para sempre e, desta maneira, tudo o que fazia era para honrar seu nome.

Aos 35 anos era muito cobiçado pelas moças casadouras dos palácios, pois além de famoso e dono de uma beleza rara, Mucio havia lhe deixado todos seus bens. Todavia, muito dedicado ao trabalho, não achava necessário constituir família. Manteve todos os empregados da casa, agora libertos, e de todos cuidava, reservando especial atenção à Temíssia, a velha governanta que lhe servira de mãe. Esta era sua família.

O orgulho que causa distração

Aos 45 anos cogitaram enviá-lo, assim como a outros grandes centuriões, ao cerco de Jerusalém.

Nessa altura da vida sua fama, que só aumentava a cada conquista, era entremeada pelo falso propósito, que fazia questão de proclamar, de expandir a cultura romana e ensinar os vencidos, o que causava certo mal-estar entre seus pares, os mais realistas ou mais sanguinários. Era também invejado, pois além de rico e cobiçado pelas mulheres, era respeitado no palácio real e admirado pelo povo.

No entanto, apesar das fofocas de traição sempre chegarem a seus ouvidos, apenas ria-se delas, certo que jamais alguém lhe faria algum mal.

Era tido como um homem bom, mas vaidoso. Singular e misterioso. Acima do bem e do mal. No fundo pensava ser o próprio Mucio, mas não possuía seu discernimento, pois desqualificava a maldade nas pessoas e o perigo que poderiam gerar. Era, sim, amado por muitos, mas odiado por outros tantos, aqueles que o conheciam mais de perto e sabiam de suas ideias estranhas sobre conquistador e conquistados. Parecia pairar sobre o mundo, cujos sons não escutava, fazendo sempre tudo da maneira que achava melhor, sem qualificar a ninguém.

Aproximando-se do grande cerco do oriente, não demorou para que muitos começassem a temer que atrapalhasse os planos do império com suas atitudes. Foi sequestrado de dentro do acampamento e esfaqueado. Teve os olhos queimados e deixado para morrer com dores lancinantes. Nunca mais ninguém soube dele. Seus bens foram tomados pelo Estado e seus empregados despejados na rua.

Tudo do seu jeito

Como você pode ver, se você tivesse nascido na Roma antiga, poderia ter alguns dos defeitos que as pessoas ainda têm hoje, como a prepotência e sua companheira fiel, a vaidade. Às vezes, também a arrogância dá o ar da graça.

Ciro nunca se deu conta do desprezo que tinha pela realidade à sua volta, deslumbrado que era com sua vida, com as cortesias que recebia de todos e com os olhares invejosos, que, no fundo, apreciava. Ajudava os que julgava inferiores, mas nunca olhou um palmo à frente do próprio nariz para perceber que não era tão intocável. O sucesso e a prepotência o haviam cegado bem antes do óleo fervente ser derramado em seus olhos. Da mesma maneira que fingia não ver as barbaridades que seus homens também cometiam, só para preservar a imagem de bondade que havia criado.

Passou a vida enganando a si mesmo, distribuindo ordens, lindamente enfeitadas de bons propósitos e decidindo sozinho sobre o bem e o mal.

Continuamos cegos

Hoje em dia, a maioria de nós já não desfila em garbosos uniformes sob o olhar espantado do povo, mas continuamos gostando de nos gabar, além de nos deleitar com elogios e bajulações. Continuamos a achar que sempre sabemos o que é melhor para todos e a nos comportar como se o mundo devesse se curvar às nossas vontades.

Gostamos de mandar e de tomar, por consequência, decisões sobre a vida dos outros, exatamente como fez o chinês Lin Deng milênios antes de Ciro, sem se incomodar, ou fazendo vistas grossas, à irritação ou sofrimento que isso pode causar nas demais pessoas. Podemos ser condescendentes com alguns e altivos com outros. Tudo depende de nossos interesses de momento.

Gostamos de dar a última palavra e querer tudo do nosso jeito, sem nos importar de fato com a opinião alheia. Preferimos, conscientemente ou não, viver cegos e iludidos.

Ciro não teve tempo, mas se confrontado, provavelmente se faria de vítima: "Como assim? Só quero o melhor para todos. Por que comigo? Que injustiça."

Ou quem sabe: "Não me compreendem mesmo. Tolos."

Ou mais simplesmente: "Que se danem. Eu quero assim e pronto."

Notadamente inteligente e muitas vezes de fala mansa, o prepotente vive como se estivesse "emburrecido", fazendo de conta que não percebe o mundo à sua volta, teimosamente preferindo se fazer de vítima a se modificar. A vaidade, geralmente, ocupa um importante lugar coadjuvante em sua vida.

Conclusões:

– A prepotência é algo altamente enganoso, tanto para o indivíduo que a exerce, quanto para os que o rodeiam. Claro que existem os agressivos, mas, às vezes, a fachada pode ser de alguém bonzinho e solidário.

– É o tipo de problema que vem sempre acompanhado de orgulho e vaidade, nas suas mais variadas medidas e formas, como a arrogância, por exemplo. "Sou melhor que você".

– O prepotente de hoje, aquele que quer tudo do seu jeito, se confrontado inapelavelmente, será o depressivo de amanhã, continuando a gerar irritação por onde passa. Este assunto costuma gerar muitas polêmicas para os teóricos de plantão, mas se questionarmos a família, a verdade da personalidade subjacente sempre aparece.

Observação: a história de Ciro, observada em sessão de terapia de vida passada, foi extraída do livro *Tempo de amar - trajetória de uma alma*, da mesma autora, e analisada para esta obra.

7. Tire a máscara

Todos podem nos ajudar, mas ninguém pode tomar, por nós, as decisões que libertarão nossas almas, assim como não podem sofrer as dores em nosso lugar. Aliás, por que sofremos tanto?

Estou falando com você!

Quando lemos textos que falam sobre problemas emocionais, temos por hábito sair dando tratos à memória procurando quem se encaixaria no perfil em questão, esquecidos que podemos ser nós mesmos. Apontar ou criticar é sempre mais fácil e muito confortável, pois nos afasta de quem somos. Se o outro é o problemático, sobra um espaço enorme para sermos perfeitos e maravilhosos. Ou pelo menos para vendermos essa imagem.

Na roda da vida sofremos demais. Nosso maior sofrimento costuma passar pela frustração e a consequente irritação que ela traz. Costumamos dizer que a vida é impiedosa e a nos entristecer com seus percalços.

Sim, a vida nem sempre é fácil, mas não é bem assim que deveríamos nos colocar. Apesar de lidarmos com tantas coisas que nos parecem injustas, como as perdas, por exemplo, entre outros acontecimentos desagradáveis, raramente temos uma percepção clara de nossas emoções.

Sofremos, choramos, nos sentimos impotentes e sem entender direito, pois o que tais eventos nos provocam de fato, é frustração, uma vez que a vida não costuma atender nossas expectativas. Nos irritamos sem perceber, pois é quase como uma traição.

Como não identificamos corretamente, nosso sofrimento se prolonga além do que seria normal, pois as emoções, quando verdadeiras, se esgotam mais depressa, já que serão compreendidas corretamente. Além de contagiar os outros, aqueles que podem nos ajudar a passar por elas.

Nossos sofrimentos

É o emprego perdido, é o marido que vai embora, é a criança birrenta ou malcriada, é o assalto, é a corrupção, é a casa desarrumada, é o filho que não vai bem na escola, é o dinheiro curto no fim do mês. Tantas pequenas coisas. Algumas grandes e que parecem insuperáveis, como a doença inesperada ou como a morte, por exemplo.

"Fulano morreu! Você não viu?" _ Grita logo alguém reivindicando seu direito de também sofrer a uma pessoa que chora há meses por outras razões.

Sim, mas morte faz parte da vida e não aconteceu de propósito para nos fazer sofrer.

Preferimos, até por hábito, nos dizer tristes e continuamos, dia após dia, a procurar mil e uma soluções. Algumas mágicas e até fantasiosas. No geral todas vindas de fora para dentro, esquecidos que cada um de nós é, ou deveria ser, responsável pela própria recuperação. Todos podem nos ajudar, mas ninguém pode tomar, por nós, as decisões que libertarão nossas almas, assim como não podem sofrer as dores em nosso lugar.

É preciso viver o momento presente

Ser responsável significa, antes de mais nada, como sempre lembramos, nos descobrir no hoje. O ontem já passou e o amanhã, além de ser apenas uma incerteza, nenhum controle temos sobre ele.

Qual é a essência escondida em nosso ser que tanto nos faz sofrer? Seríamos egoístas ou intolerantes dando largas à nossa frustração quando as coisas não saem como gostaríamos? Estaríamos vivendo, quem sabe, num mundo de fantasia onde todos deveriam concordar conosco, sem pestanejar? Teríamos dificuldade para aceitar o que não pode ser mudado naquele instante que nos falta mais resignação e nos entregamos à depressão? Conseguimos reconhecer que, muitas vezes, os problemas foram criados por nós mesmos com nossas decisões equivocadas? Seríamos invejosos com os olhos sempre espichados para o que achamos ser a felicidade do outro?

De certa forma, a vida é igual para todos, mas parece que não nos damos conta disso. A dor é universal, travestida nas mais diferentes alegorias. O que muda é a maneira como a encaramos.

Sofremos inutilmente

Gritar ou chorar não resolve nossos problemas. Nossas chances de felicidade diminuem ainda mais quando não nos identificamos. Não saber quem somos nos atira num limbo, num vácuo, num nada. Deixamos de ser alguém e nos tornamos uma coisa amorfa e manipulável. Quer pelas circunstâncias, quer pelas pessoas, quer por nossas próprias bobagens ou, quem sabe, nossas pequenas loucuras.

Sim, porque sofrer inutilmente, já que ficar passando dor não é solução, beira às raias da loucura. Todo sofrimento que se arrasta e prevalece para fora de um tempo aceitável pelo senso comum, denota uma incapacidade do ser de lidar consigo mesmo.

Como no caso que o marido morreu há dois anos e a viúva continua de luto, prostrada e chorando copiosamente até hoje, deixando a todos apreensivos ou irritados, sem saber como ajudar de forma eficiente. E ajudar de forma eficiente não significa atender às solicitações do sofredor, pois, via de regra, elas não caminham para resolver o problema, apenas o mantém.

E isso só acontece quando não temos ideia do que provoca nosso sofrimento de fato. Nos agredimos e, por tabela, também aos outros, os mais próximos geralmente. Colocamos então nossa felicidade nas mãos do desconhecido e passamos a depender da vida, do outro ou de um milagre que venha aplacar nossa agonia, nosso desânimo ou nossa irritação. Enfim, nossas raivas, aquelas que geralmente negamos existir.

Tire a máscara que esconde você de você mesmo

A única solução é retirar a máscara atrás da qual nos escondemos por toda a vida. Ou até mesmo as máscaras, pois muitos de nós têm uma para cada ambiente ou situação. Somos bonzinhos, prestativos, esforçados, delicados, vitimizados, doentinhos, rudes, altivos e sabe-se lá quais outros disfarces usamos sem perceber.

É hora de nos apresentarmos a nós mesmos sem vergonhas ou culpas. Olhar nosso rosto cheio de feridas e passar a cuidar de cada uma delas agora, no dia de hoje, sem esperar que alguém traga o remédio.

Identificar, de forma plena, o que está nos causando essa frustração, essa irritação que se arrasta disfarçada de outras coisas. Fazer uma modificação, profunda, permanente e generosa em nós mesmos.

Conclusões:

– Temos sempre a tendência de procurarmos culpados para as nossas dores, pois não sabemos quem somos, aqui e agora.

– Esquecemos que frustração faz parte da vida e, portanto, precisamos aprender a lidar com ela, a partir do seu reconhecimento.

– Precisamos ainda retirar a máscara que nos esconde de nós mesmos, e do mundo, pois só assim estaremos livres e aptos para achar a solução para nossas dores.

8. Do que realmente necessitamos?

O ser humano não gosta de sair de sua zona de conforto, preferindo pensar menos e se expor menos, mesmo quando é pouco feliz, mas não abandona suas crenças e expectativas, o que distorce suas necessidades.

Quais são as necessidades reais de cada indivíduo quando se eliminam os condicionamentos impostos por terceiros, os adquiridos do cotidiano ou ainda aqueles trazidos do passado?

Do que precisamos de fato para sermos mais felizes e, a partir daí, tornarmo-nos mais eficientes na compaixão, no amor desinteressado, na ajuda indiscriminada sem tempo e espaço, enfim, em nossa interferência no universo?

Afinal, do que se compõe a felicidade?

As várias facetas da felicidade

Alguns diriam que felicidade é bem mais que um amor e uma choupana, mas, com certeza, há quem defenda essa tese de forma apaixonada. Outros, quem sabe, afirmariam que para se alcançar a tal felicidade é preciso uma família bem estruturada, com filhos e tudo o mais que estamos acostumados a pensar nesse sentido, enquanto, para outros, os amigos são tudo, o que lhes basta.

Haveria ainda quem defendesse uma estabilidade econômica e uma boa conta no banco, mas, para muitos, isto é uma bobagem quando se enumera os itens do bem viver.

E não se poderia esquecer, é claro, a importância do item religiosidade, que uma multidão de incontáveis seres colocariam em primeiro lugar de sua lista, sem pestanejar. Todavia, também existem aqueles que desdenham das divindades, por diferentes razões.

"Meu Deus é melhor que o seu"

E se enumerássemos cada uma destas questões veríamos que todas são multifacetadas, isto é, se desdobram em mil diferentes aspectos. Nos temas religiosos, por exemplo, existem os que acreditam em reencarnação e catalogam histórias de crianças prodígios que tocam instrumentos divinamente sem terem aprendido ou falam outras línguas, entre outras coisas, para defender o que acham lógico. Todavia, muitos discordam dessas teorias e creem ser essa tese inadmissível. Para estes a vida é única e ponto final.

Mas, o mais surpreendente é que, apesar de discordarem, geralmente, todos defendem seus pontos de vista usando os mesmíssimos argumentos.

Se tomássemos como parâmetro um universo menor, como a cristandade, por exemplo, veríamos que uma parte dela defende vida única e a recuperação do corpo no fim dos tempos. Outra parcela, no entanto, não quer nem ouvir falar disso, enquanto uma terceira acredita na sucessão de vidas. Existem cristãos romanos, ortodoxos, cooptas, anglicanos, pentecostais, espíritas e por aí vai. Quer dizer, mesmo numa fé protagonizada por um mesmo messias, não há consenso.

Liberdade ou condicionamento

Isso tudo representa liberdade ou apenas diferentes condicionamentos?

Em todos os itens aqui lembrados e num sem número de outros dos quais se compõe a vida, esta parece ser a grande questão.

Costumamos a fazer escolhas sem atinar para o que realmente necessitamos. Na maioria das vezes somos influenciados pelo meio onde crescemos e vivemos. Por exemplo, como querer que um cristão nascido na Europa Oriental ou no Oriente Médio siga os rituais romanos? Ou que um árabe não siga o islamismo? Embora pareça nítida a interferência do ambiente e da família, não deixa de ser um condicionamento.

Poderiam os três, depois de crescidos, fazer diferentes escolhas? A resposta, provavelmente, é sim, mas isso dependeria da conquista da liberdade. Que por sua vez depende de discernimento, como por exemplo:

"O que de fato é bom ou faz sentido para mim?"

Uma crença é melhor que a outra? Obviamente que não. Afinal, quantos deuses existiriam? Embora no hinduísmo, por exemplo, sejam muitos, o consenso no fim do túnel desse quesito parece dizer que é um só. Ainda assim, dificilmente dá-se passos para fora do habitual. A falta de escolha, a acomodação ou resignação dentro de qualquer ritual, depende apenas do que se espera ou pretende e ainda do tipo de recompensa terrestre ou celestial que cada fiel estaria acostumado a acreditar.

Dolorosas zonas de conforto

Mesmo fora de um exemplo religioso, de fácil entendimento, isso se aplica à todas as nuances da vida. O ser humano não gosta de sair de sua zona de conforto, preferindo pensar menos, ousar menos, se expor menos, mesmo quando é pouco feliz, mas não abandona seus costumes, hábitos, julgamentos, manias, crenças, expectativas, medos e, por conseguinte, distorce suas necessidades.

Para descobrir o que realmente necessita, ao invés do indivíduo correr sem tréguas atrás daquilo que alguém, em algum tempo que ele nem se lembra mais, disse que é o melhor, é preciso parar e pensar coisas do tipo:

"Preciso mesmo disso tudo? Preciso deste modelo de carro? Gosto deste Deus desse jeito? É nisso que acredito? Preciso que tudo seja do meu jeito para ser feliz? É assim que quero viver a minha vida?"

E caso consiga perceber um novo caminho, mais lógico, mais pessoal, mais apropriado ao estilo de vida no qual quer viver, se faz necessário avaliar o que pode e precisa ser deixado para trás. É quase uma troca, começando por deixar para trás alguns defeitos, especialmente aqueles dos quais já tem consciência.

Depois, correr atrás de se lembrar as queixas que tanto ouviu a seu respeito, o que ajudará a perceber outras nuances e condicionamentos inúteis de sua personalidade. E, se possível, também deixar de lado o medo das avaliações. Aquele medo do que os amigos, familiares ou conhecidos vão pensar, pois são coisas que ele mesmo cansou de fazer quando o problema nem era da sua conta. Passamos a vida julgando os outros.

"Afinal, será que eu posso trocar de religião sem ligar quando alguém disser que vou para o inferno? Será que posso mudar de time sem me importar com as caras feias dos meus irmãos? Será que posso escolher outro partido sem ligar quando me taxarem de burro? Será que posso ir ajudar numa instituição de velhinhos ou deixar de frequentar determinados lugares sem me importar com a chacota dos amigos? Será que sobrevivo nessa enxurrada de palpites?".

Além disso, é sempre preciso estar preparado para novas batalhas, novas buscas, até achar o que realmente é seu. Uma jornada interessante que termina quando o ser se perceber em paz e se descobrir vivendo de forma mais plena, mais livre e mais contributiva com o universo. Isso se traduz naquilo que costuma se chamar de felicidade verdadeira.

Por que não tentar?

Conclusões:

– Para descobrir nossas reais necessidades precisamos sair de nossa zona de conforto, onde tudo nos é familiar.

– Necessitamos aprender a pensar pela própria cabeça, perceber os condicionamentos, desapegar-nos das velharias acumuladas no melodrama de nosso dia a dia, e enfrentarmos os palpiteiros sempre prontos a criticar e dizer o que é melhor para nós.

– Ou assumimos uma felicidade relativa e paramos de reclamar ou nos lançamos atrás de outro tipo felicidade, mais trabalhosa num primeiro momento, mas mais plena e perene logo a seguir.

9. Teias mentais

> Nos deixamos levar pela facilidade, pelo pronto e acabado, por aquilo que não nos acarreta de fato muito trabalho mental, como se verdades alheias, algumas até dogmáticas, fossem um grande achado.

Teia mental

Voltando ao assunto da busca do melhor caminho, chamamos de teia mental aquele emaranhado de meias verdades que aceitamos como inequívocas e as quais reproduzimos em nossas ações na vida, muitas vezes sem grande reflexão e sem a percepção da gravidade dessa atitude na nossa felicidade real.

Nos deixamos levar pela facilidade, pelo pronto e acabado, por aquilo que não nos acarreta de fato muito trabalho mental, como se verdades alheias, algumas até dogmáticas, fossem um grande achado. Se forem antigas então, aí é que se tornam inquestionáveis mesmo.

Tanto do ponto de vista religioso como da psicologia, por exemplo, costumamos ouvir coisas como esta:

"Mas o fulano, tão sábio, falou isso. Foi há tanto tempo e todos ainda concordam".

Todos? É mesmo? Todos quem?

Sabemos que em cada parte do planeta vigora um messias diferente, uma pedagogia diferente, costumes diferentes. Aquele que é famoso ou endeusado por lá, pode não representar nada por aqui. O que é correto e usual por lá, pode ser assustador por aqui. Mas o ser humano gosta, como se diz, de enfiar goela abaixo dos outros suas crenças. Somos todos vendedores de teias.

Pseudoverdades

O tempo costuma construir pseudoverdades. Quatro, cinco ou sabe-se lá quantas décadas, ou até séculos de idade, não é argumento válido para transformar uma proposta no norte de nossas vidas se não a passarmos pelo crivo de nossa razão e de nossas necessidades verdadeiras. Até porque esse tempo está ficando cada vez mais curto, visto que em cada esquina encontramos um novo grupo ou um novo pregador cheio de novas ideias.

E, além disso, ou pior que isso, as redes sociais se encarregam de levar longe e rápido todo tipo de proposta, seja ela política, religiosa, filosófica, milagreira, educacional, entre outras coisas. Enfim, temos de tudo e para todos os gostos. Só esquecemos mesmo de escolher com mais atenção o que é realmente bom e adequado para nós neste exato momento de nossas vidas. No dia de hoje.

Adequado no sentido de que, qualquer que seja o envolvimento com uma proposta, possa ajudar nosso crescimento interior. Dessa forma, evitaríamos ir simplesmente reproduzindo ideias inúteis para nossas vidas. Ideias que captamos aqui e ali, e que talvez nos servissem no dia de ontem.

Dentro destas verdadeiras amarras mentais tomamos palavras alheias de saber como se fossem absolutas e, a partir daí, criamos, quase que inconscientemente, ferrenhas defesas das propostas escolhidas. E nelas nos encastelamos quietos ou agitados, dependendo das orientações nela contidas ou do que nos é mandado fazer. Sem pensar muito e o que é pior, sem entender direito a emoção que nos envolve. Se não for uma emoção que nos traga paz de espírito, como se diz, melhor seria questionar a escolha feita. E que não se entenda por paz de espírito uma atitude passiva e negligente. Podemos ser pacificamente ativos.

Política e religião

Nos movimentos políticos, por vezes, nos deixamos levar pelos gritos de ordem e indignação. E, como não entendemos ou não conhecemos muito bem o que está por trás daquilo, sentimos raiva, por exemplo. Ora, isso não pode ser bom. Sentimentos negativos nunca são bons, na medida que eles não nos permitem transformar nossa indignação frente a algo notadamente equivocado, numa ação positiva, perene e construtiva. Não lembramos de que o que nasce pela raiva, por ela perecerá. Basta olharmos para as revoluções e conflitos que permearam o último século, entre outros eventos.

No aspecto religioso, por outro lado, estas teias se colocam acima das críticas, pois o que supostamente está ungido pela fé, não se pode avaliar. Sabemos que todas as propostas religiosas se propõem, cedo ou tarde, ao objetivo final de apresentar e fazer acontecer Deus no espírito humano.

Porém, existem situações que, obviamente, não mais contemplam aspectos religiosos; algumas se tornaram pura manipulação, onde nem mais se sabe sua origem, seus preceitos, quem é o manipulado e quem é o manipulador.

As formas de compreender a divindade deveriam ser livre escolha de cada mente. Mas, não é o que acontece muitas vezes.

A necessária reconstrução interior

O difícil é construir a própria fé, baseada na razão, sem cair na tentação da comodidade de acreditar num Deus apenas para aliviar as dores ou satisfazer os desejos, sejam eles materiais ou de outra ordem.

Também é difícil abandonar as palavras supostamente ditas por santos ou sábios. O ideal é ter fé quando as palavras forem acolhidas pela alma e não pelo ego, isto é, pela identificação interior. Se, por exemplo, precisamos de algo como prosperidade ou um novo relacionamento, corremos para aquele templo onde isto nos foi prometido. Não paramos um minuto para pensar em coisas como merecimento ou necessidade real de que isso aconteça para nossa felicidade, e muito menos no duvidoso poder dos intermediários do tal Deus.

Quando acreditamos em tais coisas estamos próximos de cair nas teias alheias, cheias de falsas sabedoria ou bondade. Além de não irmos a lugar nenhum, perpetuaremos nossos sofrimentos, ao tomar para nós algo que é ou foi bom para o outro.

Duvide sempre

Pense por um instante:

"Se eu não precisasse desta verdade, se ela não me fosse útil de alguma maneira, eu acreditaria?"

"Se minhas dores não fossem aliviadas, eu acreditaria?"

"Se eu não pudesse satisfazer meu ego ou meu orgulho ou ainda minha vaidade intelectual com esta verdade, eu acreditaria?"

Se responder com sinceridade conseguirá se afastar de prisões emocionais nas quais muitos ficamos enredados por vidas inteiras.

Não tenha receio de duvidar, pois se o que você tem hoje não for o que realmente acredita, sendo tranquilo e ativo, breve encontrará uma verdade melhor. Nossas vidas são um incessante buscar. Não vamos desperdiçá-la com lindos discursos que simplesmente nos tiram de nossa estrada. Não se acomode.

Medo e recompensa

Nos vários setores da vida se afaste dos que querem lhe convencer de algo pelo medo. Coisas como ir para o inferno, por exemplo.

Ou talvez queiram enredá-lo usando eventuais recompensas de coisas que você anseia, como ausência de problemas, relacionamentos infalíveis, saúde perfeita, prosperidade, cargos, poder, dinheiro, posição social ou outras tantas vantagens.

Cuidado, pois, em ambos os casos, podem estar lhe arrastando para suas teias.

Use seu bom senso e não acredite em maldições divinas, mas também reflita melhor sobre milagres ou facilidades absurdas oferecidas só porque somos nós e aceitamos esta ou aquela proposta.

Nos mais diferentes esportes cansamos de ver nas arquibancadas, especialmente nos momentos decisivos dos jogos, torcedores agarrados com fervor às suas guias, terços ou imagens sacras, por exemplo. Se ganham, tais objetos são levantados aos céus em sinal de gratidão, mas se perdem, eles são atirados longe ou até quebrados. Como se vê, estamos tão enredados e condicionados, que fazemos coisas absurdas sem perceber. Uma construção interior, neste caso, baseada em resultados e recompensas.

Não é porque muitos pensam de determinada maneira, que você precisa pensar igual. Preste atenção em suas emoções e saberá distinguir o falso do verdadeiro. Não vá pelas ideias de um grupo só porque é um grupo, pois perderá seu discernimento. Tome um tempo para descobrir quem é você e o que é seu. Aí você saberá o que realmente é bom para você.

Conclusões:

– Esquecemos de escolher com atenção o que é realmente bom e adequado para nós durante os diversos momentos de nossas vidas. Vamos simplesmente reproduzindo e defendendo pensamentos alheios sem refletir sobre o conteúdo.

– Sentimentos negativos nunca são bons, na medida que eles não nos permitem transformar nossa indignação frente ao errado numa ação positiva, perene e construtiva.

– Reflita quando quiserem lhe convencer de algo pelo medo ou pelas possíveis recompensas oferecidas por sua obediência. Use seu bom senso e não acredite em milagres externos ou facilidades consoladoras vindas do nada, só porque você é você. Seja humilde e analise melhor as coisas que você pensa, sente ou faz na vida. Aí poderá estabelecer a extensão real de seus merecimentos divinos e, caso não seja essa a questão, analise se o que você defende ou quer é lícito e interferirá no universo de forma positiva.

– No caso das religiões, em especial, sempre é bom lembrar que cada modelo serve para determinado número de indivíduos durante um determinado tempo de suas vidas. E que não existe modelo pior ou melhor, apenas aquele que serve para alguém naquele exato momento, o que exclui qualquer crítica. O lembrete é apenas para haja discernimento frente a escolha e não uma aceitação visceral.

10. Você troca favores com Deus?

O homem parece embalar suas crenças em cima de uma busca desesperada pelas gratificações prometidas, mas, nessa incessante troca de favores, a maioria das religiões não os liberta para o amor desinteressado, aquele que não espera recompensas.

As religiões e a busca da divindade

O que sempre proporcionou o surgimento das mais diferentes religiões e crenças em todas as épocas, parece ter sido as muitas formas de compreensão da divindade.

Cada uma delas serviu para um determinado objetivo ou função, dependendo dos acontecimentos históricos, das tragédias da humanidade ou, simplesmente, de nossos medos frente às coisas que não podíamos controlar, como a morte, por exemplo. Elas também servem para entendermos melhor as razões da vida no planeta.

A garantia da vida eterna

"Por que sofro assim?" _ ou ainda melhor, apesar de incoerente _ "Como faço para não morrer quando a morte chegar?"

A partir daí, talvez o melhor conceito para religião é ser um caminho inteligente, ou interessante, inventado pelo homem, nascido já condenado à morte, para trilhar com mais tranquilidade o misterioso e assustador mundo após a vida na matéria.

As religiões alimentam a esperança da manutenção de seu ego, seja em paraísos celestes, cidades espirituais, céus ou infernos dos mais variados tipos. Não importa muito, desde que haja garantia de continuidade, enquanto, ao mesmo tempo alimenta a esperança dos reencontros e confraternizações.

Sofremos, mas não queremos nada diferente

Os homens reclamam dos sofrimentos que passam aqui e depois reclamam porque não querem ir embora daqui. João se queixa das pernas que não têm, das dificuldades financeiras que passa e de muitas outras dores, mas não quer deixar de ser João nem mesmo depois da morte.

No fundo, o que existe por trás das religiões, é o medo da finitude e da perda do ego. E, depois, medo de outras perdas menores, como os amores, as lutas, os sacrifícios, as conquistas e tantas outras coisas. Por pior que creiamos ser nossas vidas, queremos mais é continuar a ser nós mesmos.

De acordo com a cultura aprendida ou adquirida, religião seria algo que garante vida eterna, nas mais diferentes maneiras que se possa imaginar. E cada maneira serve para um determinado número de pessoas por um determinado tempo de suas vidas. Pode ser por uma vida inteira ou por um breve momento.

A religião e os pseudos sábios

Os críticos modernos dizem que religião é para os fracos, para os espíritos atrasados ou para aqueles que não sabem se auto determinar e precisam ser conduzidos.

Ora, que diferença faz de onde vem a informação ou confirmação de que a vida pode ser eterna e que o ser poderá ter a chance de continuar a ser ele mesmo? Foi dedução própria? Veio de algum livro sagrado ou de alguma liturgia aprendida?

No fundo, é tudo a mesma coisa, pois mesmo os intelectuais que criticam, com certeza também devem estar procurando a imortalidade. A sua religião traz tranquilidade e dá forças para seguir com a vida na matéria? Ótimo.

E a minha recompensa?

De qualquer modo, o homem parece embalar suas crenças em cima de uma busca desesperada pelas recompensas prometidas. Gratificações divinas pela honestidade ou compaixão, por exemplo. Acredita que seguirá para o lugar pretendido em função de suas atitudes durante o tempo encarnado no planeta. Em algumas religiões ele voltará para novas oportunidades e em outras, caso tenha errado muito, estará ainda mais condenado do que no dia em que por aqui nasceu.

De qualquer forma, nessa incessante troca de favores com os homens encarnados, a maioria das religiões não os liberta para o amor desinteressado, aquele que não espera recompensas.

Conquistar essa liberdade é missão pessoal de cada um.

Conclusões:

– Religiões são as maneiras que o ser construiu para enfrentar seus medos na travessia após a morte, fenômeno sempre assustador e misterioso. Maneiras atraentes e consoladoras de compreender as vontades e determinações da divindade que o protegerá, como prometido.

– A maioria dos homens passa a vida terrena em busca da certeza da continuação de seu ego numa vida eterna, mesmo que para isso precise fazer trocas com a divindade, de quem espera recompensas pela obediência aos preceitos estabelecidos. Coisas como caridade, oração, compaixão ou bondade, por exemplo, e até mesmo prosperidade ou submissão sem questionamentos. Não faz diferença.

– Obviamente, não existem religiões melhores ou piores, mais ou menos científicas, pretensão, aliás, que parece estar na moda. Ou ainda que sejam as mais verossímeis, como muitos acham, especialmente quando defendem a sua, mesmo não sendo muito inteligente a afirmação que verdades teológicas existam. Cada uma apenas serve, como já foi muito dito, apenas a um determinado grupo de indivíduos durante determinado período de suas vidas.

11. Você está sofrendo?

Estamos sempre condicionando nossa felicidade a alguma coisa que deve acontecer no futuro, sobre o qual não temos nenhum controle. E tudo se dará na época e do jeito que sonhamos; além disso, todos devem colaborar para que ela aconteça.

Felicidade condicionada

O motivo de parecermos amarrados em determinados sofrimentos, muitas vezes, reside em nossa mania de criar expectativas. Temos por hábito jogar para a frente no tempo nossa felicidade. Nossos pensamentos giram entre coisas do tipo:

"Só vou ser feliz se ..."

"Só vou ser feliz quando ..."

A consequência é que terminamos por estruturar roteiros de vida que não dependem mais só de nós.

Esperança

Muitas pessoas têm dificuldade em compreender a diferença entre esperança e expectativa. Na primeira existe um componente emocional positivo. Ela nos faz considerar o outro, o mundo, nos ensinando a amar de forma fraterna. Fazemos nossa parte de maneira plena e amamos no hoje, aproveitando o momento presente.

"Tenho esperança que aquela guerra termine. Estou disponibilizando paz e sabedoria para aquela gente."

"Tenho esperança que sua doença melhore. Estou vibrando muito para que seu organismo consiga reagir."

"Tenho esperança de cuidar bem dos meus filhos. Estou sempre atrás de um trabalho cada vez melhor."

"Tenho esperança que todos os animais de rua sejam resgatados. Já adotei três."

Como se percebe, esperança é base para motivação. Tem sempre uma ação envolvida. Nos faz viver no momento presente.

Expectativa

Na expectativa, ao contrário, sempre esperamos que algo ou alguém faça por nós. Estamos sempre aguardando, de forma passiva, o que nos lança para a uma posição de inércia. Chega a ser quase irracional, pois não podemos controlar o futuro, algo que, de fato, ainda nem existe.

Além disso, não trabalhamos com solidariedade ou fraternidade, pois, no objetivo final da expectativa, o auxílio real ao próximo não está contemplado. Mesmo que disfarçadamente, estamos sempre pensando em benefício próprio e, se alguma ajuda chegar, terá que vir da maneira e ao tempo que acharmos melhor.

"Tomara que o santo tal, ou o guia tal, faça minha filha casar-se logo. Não aguento mais esses choramingos."

"Espero que meu chefe perceba que preciso de um aumento. Que droga. Ele quer que eu faça mais o que?"

"Quero que esse prefeito inútil saia logo para que minha vida possa melhorar."

"Eu e meu marido há anos que só brigamos. Sei que sou teimosa, mas ele é tão chato. Espero que um dia ele entenda o meu jeito de ser e pare de me aborrecer com suas queixas."

"Que Deus mais fajuto é esse? Rezo tanto. Quando é que ele vai me arrumar um emprego novo?"

E, como se nota, expectativa é base de frustração. Faz o indivíduo viver num futuro improvável.

A zona de conforto

Todas essas frases poderiam ser modificadas se a pessoa saísse de sua zona de conforto e, por exemplo, procurasse verificar quais as modificações necessárias, no presente, que poderiam contribuir para a resolução dos problemas. Especialmente em si mesma.

A expectativa, apesar de tudo, não deixa de ser confortável, pois costuma nos lançar à posição de vítimas. Aquela vítima que pode estruturar seu tempo à vontade em cima de queixas e lamentações, especialmente as que refletem um mundo insensível, que nada faz para ajudá-la ou consolá-la.

Todavia, quanto mais frustrados ficamos, mais expectativas vamos criando e mais procuramos pelo milagre que fará tudo acontecer do nosso jeito, pois, de fato, costumamos fazer menos que o necessário para atingir nossos objetivos.

E assim, vamos perdendo oportunidades de conquistar a felicidade no hoje, o que poderia acontecer através de uma análise menos míope da realidade e de nossas possibilidades verdadeiras de intervir no universo. Tais ações também nos permitiriam usufruir de novos aprendizados, como desenvolver a resignação, por exemplo, pois nem tudo na vida, obviamente, é ou será do jeito que gostaríamos que fosse.

Mesmo quando saímos da inércia e damos passos direcionados, é preciso atenção para verificar a aparente utilidade de nossas ações, pois podemos construir uma fábrica de cimento e gerar empregos, mas depois despejar seus dejetos no rio que abastece a cidade. De que isso adiantaria afinal de contas? Mesmo quando temos motivação ela precisa ser bem avaliada para que, num contexto geral, não tenha em seu bojo, disfarçadamente, aspectos egoístas.

Portas erradas

Toda ação precisa ser fruto de discernimento e não de fixações ou condicionamentos. O pior é que, como quase todo mundo vive da mesma maneira, isto é, mais ou menos acomodado, podemos, com nosso modelo de vida, estar dando exemplos para as outras pessoas de nosso grupo familiar ou social, de caminhos, maneiras e crenças de como viver em cima de expectativas. Uma verdadeira escola de passividade fervorosa.

Passamos a vida adiando a felicidade, pois perdemos tempo construindo saídas que não têm chaves e que dificilmente se abrirão. Até quando vamos insistir e ficar, dia após dia, tentando abrir as portas erradas?

Quando você perceber que está sofrendo com aquela ideia recorrente, aquele pensamento que não sai de sua cabeça, tenha certeza que está batendo na porta errada.

E parafraseando antiga teoria terapêutica, lembre-se que você não está neste mundo para atender as expectativas dos outros, mas, em compensação, ninguém também está aqui para atender as suas.

Conclusões:

– Estamos sempre condicionando nossa felicidade a alguma coisa que deve acontecer no futuro. Na época e do jeito que sonhamos e, além disso, todos devem colaborar para que ela aconteça.

– Confundimos esperança com expectativa. A esperança permite que aproveitemos as oportunidades do dia de hoje e a expectativa nos lança para um futuro desconhecido e incerto.

– Passamos a vida batendo em portas fechadas, cujas chaves, infelizmente, não sabemos onde estão. Passamos a depender que algo ou alguém as abra para nós.

12. Viver é inevitável – Sofrer é opcional

Nas situações ruins do dia a dia, podemos escolher nos entregar à raiva da indignação ou à tristeza da perda, por exemplo. Mas, se a dor não cessar num tempo curto, deveríamos refletir sobre como lidamos com as frustrações inevitáveis da vida.

Em que tempo você vive?

Podemos especular sobre muitas razões para nossos sofrimentos cotidianos e em diferentes modelos de compreensão para eles.

Todavia, a cada dia fica mais implícito que a dificuldade do ser humano em separar o hoje do amanhã, ou do ontem, é uma das principais causas desse conjunto perene de dores no qual está mergulhado. Um tema tão recorrente nos discursos modernos, mas que ainda precisa ser repetido outra e outra vez.

Quase não percebemos que o amanhã ainda não existe e que o ontem já passou, pois prestamos pouca atenção na realidade do momento. Vivemos mais ou menos engessados em rígidas rotinas e hábitos que nos impedem de olhar em torno de nós mesmos e constatar o que realmente está acontecendo.

O jogo das possibilidades

Não é difícil encontrarmos pessoas que confundem preocupação com planejamento de vida. Suponhamos, por exemplo, que você é um pequeno empreendedor e seu sócio lhe avisa que poderá, em breve, deixar a ainda não totalmente estabilizada empresa que vocês construíram juntos,

Num repente, uma ansiedade se instala em seu peito e você já começa a passar mal, até mesmo fisicamente, só de pensar o que será de sua vida sem alguém para repartir as despesas. Quando percebe já está com raiva do sócio, já está falando mal dele, já está com enxaqueca, já não dorme mais direito e por aí vai.

A única coisa que você não percebe é que não aconteceu absolutamente nada no momento presente. A dor da separação e eventuais consequências na sua vida não passam de possibilidades, como tudo que vislumbramos num eventual futuro. Podem acontecer ou não. Podemos até morrer daqui a pouco. Não temos como controlar o que ainda não aconteceu. E se não podemos controlar, por que já sofremos com isso? O amanhã ainda não existe.

"Ah! _ diriam alguns _ Não pensar no amanhã é irresponsabilidade."

Preocupação X planejamento

Essa é outra confusão que se faz. Não se trata de não pensar no futuro. Trata-se de não sofrer por antecipação com isso que se chama de preocupação. É quase irracional, pois confunde-se planejamento, que é uma atividade cognitiva, isto é, cerebral, com sofrimento, que é um conjunto de emoções, razoáveis ou não. Nestes casos, tais emoções costumam ser trazidas do passado, de outros tempos, quando a dor foi real.

Atualizamos as informações desse passado como regra e não discernimos que podemos estar perpetuando uma fantasia para o futuro. Fantasia porque nada aconteceu de fato. Estamos em casa jantando com a família, chorando e nos lamentando por uma dor que poderá, ou não, acontecer.

Ora, se o sócio avisa que poderá nos deixar, mesmo que em nosso passado tenha havido outros abandonos seguidos de dificuldades, precisamos pensar que o passado ficou para trás e que agora estamos mais crescidos e preparados para novos desafios. Podemos parar e planejar as diversas opções, os ganhos e as perdas, as possíveis soluções ou modificações necessárias, caso o fato possa mesmo acontecer.

"Quer dizer então que se ele fosse embora hoje seria lícito sofrer?"

Não se trata de decidir se é lícito ou não. Não deveríamos nos colocar como severos juízes de nossas vidas. Assim como no planejamento da vida percebemos as diversas opções, na contrariedade do presente, também podemos optar ou não pelo sofrimento.

A difícil tarefa de lidar com as frustrações

Nas perdas, nos confrontos, nas situações ruins e inevitáveis do dia a dia, podemos escolher nos entregar à raiva da indignação, da não aceitação dos fatos ou ainda às tristezas da vitimização, por exemplo. Coisas são roubadas, filhos são reprovados, amigos vão embora, pessoas morrem, o dinheiro falta, casamentos se desfazem, tragédias acontecem.

Mas, passados os primeiros momentos de dor, tão naturais, caso ela continue intensa e sem solução, deveríamos parar e verificar se continuamos sofrendo porque não lidamos bem com frustrações e expectativas. Podemos transformar o sofrimento numa oportunidade de crescimento e transformação. Uma oportunidade de descobrirmos quem somos de fato e nos libertarmos de nossas fraquezas e hábitos irracionais.

Como se vê, sofrer sem tréguas é sempre opcional. Nos entregarmos a um sofrimento sem fim no dia de hoje por algo que, de fato, foi ruim ontem, não mais se justifica. Ou, o que é pior, sofrermos por coisas que podem vir a acontecer no amanhã, é quase um delírio.

Se prestarmos mais atenção em nossas emoções viveremos mais no dia de hoje, que é o único tempo real que dispomos. Viveremos mais livres, seremos mais eficientes e felizes, independente das lembranças do que já aconteceu ou da ilusão do que achamos que vai acontecer.

Conclusões:

– O ser humano tem grande dificuldade em viver no presente. Sofre pelo que já passou e pelo que imagina estar por vir.

– O único tempo que dispomos é o hoje. O passado ficou para trás e o futuro, simplesmente, não existe.

– A vida é um jogo de possibilidades, que podem ou não vir a ocorrer. Sofrer pelo que passou é inútil e, por antecipação, é quase um delírio.

– Sofremos porque, além de não percebermos essas nuances do tempo, não prestamos atenção em nossas emoções e, por consequência, não distinguimos o que é, ou não, verdadeiro.

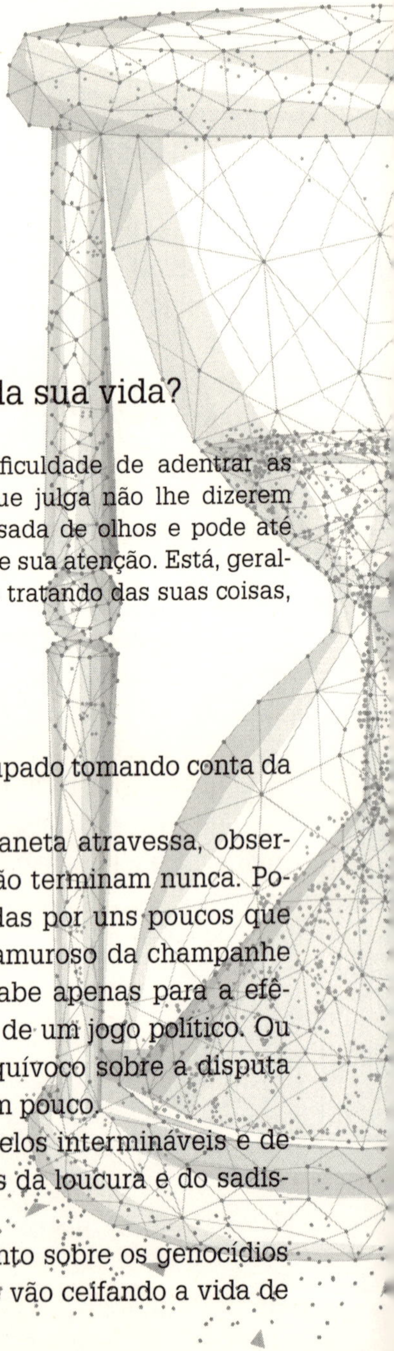

13. Tomando conta da sua vida?

O ser tem grande dificuldade de adentrar as questões dolorosas que julga não lhe dizerem respeito. Dá uma passada de olhos e pode até conceder um minuto de sua atenção. Está, geralmente, muito ocupado tratando das suas coisas, muitas vezes inúteis.

E a intolerância continua

Então, você continua muito ocupado tomando conta da sua vida? Que ótimo. Mas, só isso?

Nestes dias agitados que o planeta atravessa, observamos estarrecidos guerras que não terminam nunca. Populações inteiras sendo massacradas por uns poucos que desejam perpetuar-se no poder glamuroso da champanhe tomada no meio do caos. Quem sabe apenas para a efêmera afirmação de domínio dentro de um jogo político. Ou ainda outros interesses, como o equívoco sobre a disputa de um modelo religioso. De tudo um pouco.

Pessoas são submetidas a flagelos intermináveis e de todos os tipos, dependendo apenas da loucura e do sadismo do estrategista de plantão.

Notícias chegam a todo momento sobre os genocídios e os terríveis crimes de guerra que vão ceifando a vida de centenas de pessoas inocentes, sem poupar ninguém.

O que fazemos para ajudar a minorar esse sofrimento?

A resposta para a maioria de nós costuma ser simples: absolutamente nada.

Nos estressamos e chegamos a chorar com as fortes imagens que chegam das várias e recorrentes tragédias em curso no mundo. Lamentamos e divulgamos nossa indignação nas redes sociais. Carinhas lacrimejantes ou raivosas. E só.

Existe até quem diga, de boca cheia, que saiu das redes sociais, como se isso fosse uma virtude. "Não quero mais saber dessas coisas".

Sim, é preciso um filtro, mas não alienação.

Muita gente se recusa a saber o que acontece no mundo ou, simplesmente, pensar sobre o assunto, preferindo enterrar a cabeça na areia e fingir que nada de tão grave está acontecendo.

E por quê?

Porque isso nos incomoda. Nos obriga a pensar, a avaliar nossas responsabilidades e, possivelmente, quem somos enquanto raça humana.

Voltamos para o já batido assunto de nossa imobilidade emocional. Na verdade, estamos falando de nossa preguiça, de nossa indiferença, apatia, egoísmo, ou qual seja o nome que se queira dar a esse nada fazer.

No máximo, no extremo de nosso interesse por essa humanidade longínqua, que achamos não fazer parte de nós ou na qual achamos não estar inseridos de maneira alguma, fazemos um esforço supremo e rezamos. Aquela oraçãozinha rápida, que não passa mesmo do teto, pois, com honrosas exceções, geralmente trata-se daquele velho petitório para que as divindades façam algo que minore o sofrimento daquela gente.

Afinal, a obrigação é deles, não?

Não. A obrigação é nossa. Minha. Sua.

Nossas cansativas obrigações enquanto seres humanos

Neste momento em que, obviamente, não basta mais pedirmos a ajuda dos céus, nossa responsabilidade aumenta a cada dia. Não basta mais querermos disponibilizar através de nossos pensamentos a magia do amor, da generosidade, da resignação e da sabedoria, entre tantas outras coisas.

Até porque, para fazer isso, precisamos estar acostumados, digamos, a usar essas coisas nas nossas vidas cotidianas. Precisamos implementar em nós mesmos as modificações que nos possibilitem transitar com mais facilidade por esses caminhos. Se não compreendemos e não tomamos para nós o amor desinteressado, ou a compaixão, por exemplo, jamais saberemos como disponibilizá-la ao planeta que sofre.

Precisamos ser mais eficientes e, além disso, não esquecer de ensinar as pessoas sobre as possibilidades desse auxílio quântico à distância, sem tempo e espaço a nos deter. Somos capazes de promover verdadeiros milagres.

Fazer e ensinar, em vez de apenas delegar aos céus essa empreitada. Tão rápida, simples e eficaz. Encontrarmos o amor, ou a melhor emoção para o momento, dentro de nós, e enviá-la ao universo, direcionando-a para as zonas de tragédias coletivas, entre tantos outros sofrimentos.

Até porque seria bastante ingenuidade nossa, dentro de qualquer crença, achar que um santo ou um guia, por exemplo, não sabe qual é sua tarefa, sendo necessário que a indiquemos para ele.

Tipo: "Meu querido santo ou protetor tal, por favor, vá a tal lugar e ajude aquela gente que precisa de tudo".

Mesmo que a petição seja feita com fé, ainda faltará

a nossa parte, apesar de que, quando as formulações são feitas baseadas no amor e na boa vontade, sempre poderá sobrar, mesmo que sem querer, um tantinho de emoção verdadeira que poderá cruzar as fronteiras de tempo e espaço para alcançar seus objetivos.

O dia de hoje

Como já dissemos em outras oportunidades, tudo o que temos é o dia de hoje. O ontem já passou e o amanhã ainda não existe. Só temos o instante presente para voltarmos um olhar honesto para dentro de nós mesmos e descobrirmos o que precisa ser mudado. A partir daí poderemos fazer as modificações necessárias que nos habilitarão, não só a sermos mais felizes, mas a deixarmos de ser um peso morto no universo.

Se considerarmos o modelo de entendimento onde aquelas pessoas tão sofridas do outro lado do mundo são mais que nossos irmãos, que podem ser partes de nós, o que nos faz pensar sermos apenas um, como poderemos não dedicar um momento de nosso precioso tempo para seu auxílio?

Aquela velha história de ficarmos felizes com nossas lindas e saudáveis mãos enquanto nossos pés estão repletos de feridas. Como isso é possível?

Amor de segunda categoria

O ser tem grande dificuldade de adentrar as questões dolorosas que julga não lhe dizerem respeito diretamente. Dá uma passada de olhos e pode até conceder um minuto de sua atenção. Está, geralmente, muito ocupado tratando das suas coisas, muitas vezes inúteis.

Termina por fazer pouca ou nenhuma ação para fora de si em socorro de quem quer que seja, se enganando ao achar que ter uma religião ou saber das coisas fraternas é suficiente. Confunde informação ou conhecimento com sabedoria, e, dificilmente, passa para a ação. Não sabe o que é a verdadeira compaixão.

Outro dia um famoso pregador falou algo que parece engraçado, mas que é extremamente triste: somos pessoas mais ou menos em tudo o que fazemos. Dificilmente nos tornamos verdadeiramente bons ou completos em alguma coisa. Nos contentamos a fazer tudo mais ou menos.

Até quando vamos amar mais ou menos?

Vamos começar a fazer nossa parte todos os dias, a cada momento daquilo que chamamos o dia de hoje, ou vamos continuar, de forma insensível e alienada, apenas a tomar conta de nossas pequenas vidas?

Conclusões:

– O egoísmo e a falta de compaixão estão colocando nosso planeta em perigosa convulsão, frente à qual nos mantemos estáticos, apáticos e quase indiferentes.

– Mesmo com o sofrimento de milhares de inocentes em intermináveis guerras, nos comportamos como se o auxílio necessário não fosse, absolutamente, da nossa conta. Muito menos de nossa responsabilidade.

– Gastamos nosso tempo apenas tomando conta de nossas vidas e pensamos ser o suficiente. Não aprendemos a amar verdadeiramente e estamos nos tornando seres de segunda categoria.

14. As dores decorrentes de nosso temperamento

Sofremos porque não aceitamos mudanças. Nunca desistimos de nossos pontos de vista, ou seja, de sermos quem gostamos de ser. Não enxergamos que podemos nos tornar pessoas melhores e muito mais felizes. Até quando vamos bater a cabeça na parede?

Ficamos facilmente ofendidos

Quando alguém fala de nosso temperamento é como se pairasse no ar a malévola impressão que estamos sendo atacados em nossa honra por monstros que, de dedos em riste, apontam diretamente para nosso rosto.

Costumamos ficar muito ofendidos. Para, em seguida, irritados, nossos sentimentos gerarem um turbilhão de pensamentos em defesa de nossas pobres almas feridas. Isso quando não partimos diretamente para um confronto.

Geralmente criamos desculpas esfarrapadas para justificar este ou aquele comportamento. O problema é que, muitas vezes, acreditamos de verdade nelas. Como alguém ousa sugerir que temos tal ou qual defeito, não é mesmo?

Bem, levando em conta que muitas vezes o autor das terríveis acusações nem está presente quando, por exemplo, nos irritamos ao ler um artigo ou um post sobre esses assuntos, somos nós mesmos, obviamente, que vestimos a carapuça sozinhos. O que é bom pois, ao menos mostra que ainda somos fisgados por algo em nosso interior que clama por mudanças. Pior seria se muitos se queixassem da mesma coisa a respeito de nosso temperamento e sequer notássemos.

As saudáveis lutas internas

Se esperneamos é porque estamos lutando. Lutando contra nós mesmos, é claro. Aquela luta que travamos entre quem somos e quem fingimos ser. Aquela batalha contra nossas verdades ocultas, escondidas lá nas entranhas de nossa alma, e que não passam de segredinhos de Polichinelo.

É tolice achar que ninguém percebe nossos defeitos ou quem somos de verdade. Nossa prepotência, que está sempre de plantão, na maioria das vezes nos faz acreditar nisso.

E se você argumentar que seus amigos não reclamam, mesmo que discretamente, de seus defeitos, comece a desconfiar que eles têm os mesmos problemas. Costumamos nos associar àqueles que são parecidos conosco. Quando não percebemos os defeitos dos outros é porque são pontos cegos para nós, isto é, não destoam no meio dos nossos.

Quem gosta de beber umas a mais, por exemplo, não costuma reparar nos que se embebedam a seu lado. E se, num rasgo de honestidade e lucidez, nota os exageros, faz vistas grossas a eles. Ou, simplesmente, não se incomoda.

Sofremos e fazemos sofrer

Como já foi falado, o que todos parecem esquecer é que muito além das queixas, verbalizadas ou não, que as pessoas possam ter a nosso respeito, nós também sofremos ou sofreremos com nosso temperamento. No fim da linha dessa armadilha estamos nós, e sozinhos, porque ninguém sofrerá nossas dores em nosso lugar.

Senão, vejamos alguns exemplos.

Tudo do nosso jeito

Quando somos prepotentes, queremos que todas as coisas saiam do nosso jeito ou estejam sob nosso controle. Para isso tentamos anular os outros como seres pensantes, causando sofrimento quando temos poder ou autoridade para impor nossas vontades. Só esquecemos que essas mesmas pessoas se afastarão de nós assim que puderem, pois ninguém gosta de ser rebaixado à categoria de idiota.

Mas, o que esquecemos mesmo, é que viveremos dentro de nosso próprio inferno astral, aquele criado por nossas raivas e frustrações. A maioria das pessoas sensatas, ou as que não têm medo de nós, ou ainda aquelas que escapam de nosso controle, terminam, com o tempo, não se importando mais com as demandas criadas por conta de nosso jeito de ser. O lobo vem e come o menino.

Além disso, o prepotente gera em si mesmo dores físicas de todo tipo, pois seu corpo, mais cedo ou mais tarde, responderá à energia acumulada pela insatisfação raivosa.

Os outros não existem

Quando somos egoístas e só pensamos em nós mesmos, o que parece ser o grande problema desta humanidade, não é difícil perceber os males que causamos: roubamos, matamos ou simplesmente guardamos o melhor pedaço de bolo para comermos sozinhos. Não importa.

No fim sofreremos, pois ficaremos sozinhos ainda mais depressa que o prepotente. Só nos sobrarão os pares que conosco desfrutam de nossa colheita indigna. Os demais continuarão a nos criticar ou então a nos ignorar, pois ninguém gosta de ser a opção B, aquela que só existirá se precisarmos de alguma coisa.

Mas, todos, amanhã ou depois, também vão nos abandonar. Até os que chamamos de amigos.

Uma rua de mão dupla

Quando somos intolerantes costumamos ser preconceituosos e agressivos e o máximo que conseguimos é que também sejam agressivos conosco, pois a maioria das pessoas não tolera ser desqualificada ou tratada sem cortesia. E, novamente, quando temos algum poder seremos capazes de causar muito sofrimento.

Nos esquecemos, todavia, que ao deixarmos sempre muito claro que o outro não passa de um tolo, em especial quando ele defende suas verdades particulares ou, simplesmente, discorda das nossas, sofreremos as consequências dessa atitude. E depois, no frigir dos ovos, como ninguém gosta de nós porque tendemos a ser rudes, e como não soubemos nos fazer amar, o melhor que conseguiremos, se não formos muito beligerantes, é sermos solenemente desprezados. Porque, se exagerarmos a dose, seremos odiados.

A discreta descida ao fundo do poço

Quando somos invejosos desejamos aquilo que avaliamos ser a razão da felicidade alheia. Cobiçamos, geralmente de forma secreta, as coisas dos outros, seja esta coisa um bem material, emocional ou outro qualquer. Não importa, pois muitas coisas alheias nos enchem os olhos. Cobiçamos o poder aquisitivo, as relações afetivas, a inteligência, a religião, as conquistas etc. Se confrontados, todavia, negamos veementemente.

Em nossa busca pela felicidade estamos sempre olhando para os lados e nunca para dentro de nós mesmos.

Não compreendemos os porquês de nossas limitações e sofremos com nossas frustrações. Além disso, logo as pessoas estarão nos chamando de melindrosos ou hipócritas pelas nossas costas, pois fazemos fofocas e desdenhamos das benesses alheias. Ou então ficamos magoadinhos e nos atrapalhamos quando confrontados. Nossa inveja é mais que evidente.

E tudo termina em sofrimento

E por aí vai. Falaremos sobre cada uma de nossas dores nos próximos capítulos.

Mas, o que se vê mesmo, é que nossos defeitos se originam e convergem para os mesmos pontos e, muitas vezes, se complementam. No fim, sofremos porque não aceitamos mudanças. Nunca desistimos de nossos pontos de vista, ou seja, de sermos quem gostamos de ser. Não enxergamos que podemos nos tornar pessoas melhores, diferentes e muito mais felizes.

Até quando vamos bater a cabeça na parede?

Conclusões:

– Não sabemos lidar com as frustrações da vida. Não percebemos que as emoções por elas geradas nos causam sofrimentos físicos e emocionais.

– Causamos muitas dores e sofrimento às pessoas, especialmente as mais próximas, com nosso jeito de ser. Nossas necessidades são sempre as mais importantes.

– Não abrimos mão do que achamos ser o certo, mesmo que uma multidão esteja gritando o contrário. Preferimos sofrer.

15. Existe maldade dentro de nós?

Não nascemos para nos iluminar. Aqui estamos para contribuir e caminharmos juntos, com empatia e compaixão. Se assim não for, nosso sofrimento se perpetuará, pois não podemos enganar a vida. Nossas almas são livros abertos para o universo.

Os gatilhos da insensibilidade

Quanto mais pensamos, mais percebemos que o grande mal da humanidade, neste momento difícil que atravessamos, é a falta de compaixão. Se procurarmos nos dicionários encontraremos o significado desta palavra:

"Compaixão é um sentimento piedoso de simpatia para com a tragédia pessoal de outrem, acompanhado do desejo de minorá-la; participação espiritual na infelicidade alheia que suscita um impulso altruísta de ternura para com o sofredor."

Se pudéssemos resumir diríamos que a compaixão, como bem lembraram outros autores, nada mais é que nossa capacidade de estar com o outro no momento de sua paixão, isto é, no momento de sua dor, de sua miséria.

Falasse tanto da paixão de Cristo, por exemplo, sem que haja de fato uma maior compreensão da palavra.

Paixão nos dias de hoje, na visão de uma psicologia moderna, nada mais é que um sentimento falso, já que substitui o verdadeiro, que, no caso, seria o amor. Como se vê, o ser humano foi modificando o sentido das palavras e, infelizmente, foi também se afastando de seu significado mais profundo.

Esta paixão humana, que nos separa, já que não contém em seu bojo sentimentos de ternura ou solidariedade, e sim de posse, é diferente da paixão verdadeira, que deveria despertar-nos para um bem maior. É, portanto, também muito diferente do amor real e desinteressado.

E vamos vivendo nossas mentiras inconscientes

Quando pensamos em compaixão é quase impossível não lembrar da empatia, palavra que está tão na moda, mas que costuma ser aplicada ao bel prazer de cada interessado:

"Ah! Fulano não tem empatia para comigo."

Palavras usadas em tom de queixa quando alguém não concorda conosco ou, especialmente, não sofre solidariamente. Não contagiamos o outro se ele perceber, até inconscientemente, que nosso sofrimento carece de razões plausíveis. Quando nos queixamos demais ou de maneira interminável, a dor pode até existir, mas, geralmente, não é baseada numa emoção verdadeira. Estas são intensas e rápidas. Não ficam grudadas no indivíduo gerando ladainhas intermináveis.

Aí lamentamo-nos como se fossemos vítimas. Dizemos, por exemplo, que estamos tristes, isto ou aquilo, quando no fundo estamos com raiva desse mundo que não atende as expectativas que criamos. Nossas queixas são incapazes, por si só, de gerar empatia.

O outro lado da moeda

Diz-se que empatia é a capacidade de sentirmos o que sentiria uma pessoa caso estivéssemos na mesma situação vivenciada por ela. Desde que legítima, é claro.

Como se percebe, na empatia entendemos com mais clareza a verdadeira dor alheia e, na compaixão, que é sua continuação, nos movemos para uma ação mais efetiva, no sentido de um auxílio imediato e necessário. Então, se não temos capacidade para a primeira, jamais chegaremos à segunda.

Todavia, quando somos sim capazes de ter empatia, mas a situação em questão não nos comove, é preciso analisar o delicado discernimento entre a expectativa criada pelo queixoso e a realidade que o envolve. Isto quer dizer que, não é porque a situação foi criada por ele mesmo através de dúzias de decisões e escolhas duvidosas, que o deixaremos morrer à míngua.

Qual é então o mínimo que ele precisa sem que isso que isso nos torne a parte manipulada de um inútil e eterno jogo psicológico? Difícil saber, pois nossa ação de socorro não costuma gerar frutos permanentes, posto que o indivíduo continuará, vida a fora, a fazer outras tantas escolhas duvidosas, pois sempre contará que alguém venha em seu auxílio.

O fundo do poço cada dia mais perto

Por outro lado, quando chegamos no impasse caracterizado por um alheamento completo aos acontecimentos dolorosos que nos rodeiam, próximos ou distantes, pessoais ou sociais, disfarçados ou não por uma preocupação passageira, estamos chegando, assim como toda a humanidade, ao fundo do poço. Exatamente o que observamos nos dias de hoje.

Guerras e distensões sociais estão acontecendo em várias partes do mundo, continuadamente, anos e anos a fio, desde sempre, sem que nos preocupemos de fato com as pessoas nelas envolvidas. Sequer lembramos de suas dores, suas perdas, seu desespero, sua fome e sua desesperança, como se não fossemos também responsáveis. Não movemos uma palha em seu socorro.

Conflitos por poder oriundos de corrupção ou fundamentalismos de todos os tipos, desde os políticos até os religiosos, sangram a face do planeta em disputas sem fim. Enquanto isso, a humanidade não só assiste a tudo de forma inerte, indiferente e quase abobada, como continua, de tempos em tempos, a elevar para altos cargos malucos, desonestos e desequilibrados das mais diferentes facções.

Isso para não citar o verdadeiro holocausto animal que patrocinamos para alimentar milhões de necessitados, mas também outros tantos milhões de alienados às dores que pairam sobre nosso pobre planeta.

Depois disso tudo, depois de tantas misérias, atrocidades e indiferenças, os homens rezam pedindo as benesses da divindade.

Ainda vivemos no modo sobrevivência

Ora, se nós, seres humanos, não somos responsáveis pelo sofrimento da Terra e dos seres que nela habitam, então, quem será? Os alienígenas?

E as razões da falta de empatia passam pelos nossos defeitos e, em especial, por nosso egoísmo, que não nos deixa perder mais que alguns momentos com os problemas alheios. Ao final, isto carregará a todos nós para o mesmo buraco.

No fundo nossos defeitos se complementam, como a intolerância, a arrogância ou a prepotência, entre outros, mas sempre tendo o egoísmo como protagonista. Só pensamos em nós mesmos e os outros que se danem.

Há séculos vivíamos para sobreviver. Defendíamos nossos domínios, matávamos e tudo mais, pois a luta era mesmo feroz e impiedosa.

Mas, o tempo passou e continuamos a fazer as mesmas

coisas. O conceito da sobrevivência ainda prevalece, com suas mais diferentes fantasias. Continuamos querendo ter o poder em nossas mãos, continuamos matando nossos inimigos em guerras insanas, continuamos comendo avidamente nacos das carnes dos inocentes animais abatidos aos milhões diariamente, como se carnívora fosse nossa estrutura física.

Continuamos olhando só para nosso próprio umbigo e a defender nosso feudo, sem nos importar com as necessidades de nossos outros companheiros de jornada neste planeta. Fingimos que não sabemos de nada e tocamos nossas pobres vidas para frente, sem qualquer contribuição desinteressada ao universo.

Nunca o velho ditado que diz: "O que os olhos não veem o coração não sente", foi mais verdadeiro entre esta raça que se acha no topo da cadeia evolutiva.

A volta às origens

A empatia desaparece frente às nossas necessidades. O que se dirá então da compaixão? Voltamos disfarçadamente a uma quase barbárie e a instintos mais primitivos. Nossa maldade, oculta com tanto cuidado e pudor, pode aflorar e já não mais fazermos conta de preocupar-nos com as dores alheias. Grandes ou pequenas.

Muitas vezes não nos preocupamos sequer com as aflições do dia a dia que causamos ou pelas quais passam nossos amigos ou familiares. O que dizer das pessoas que não conhecemos? Elas simplesmente não importam e o ser se esquece que é um com a natureza e que, mais cedo ou mais tarde, a dor de um terminará por ser a de todos.

Todavia, este comportamento não está enraizado de forma indelével em nossas almas. Está apenas em nosso pensamento, que é moldado conforme necessidades e situações mal compreendidas do passado e outras tantas construídas no presente, o que pode nos colocar à mercê de hábeis manipuladores de todos os naipes, como falsos líderes religiosos ou aproveitadores em geral. Chegamos, por vezes, a fazer o mal em nome de ideologias. Grandes conflitos armados provam essa teoria.

Mas, como os pensamentos mudam conforme sopra o vento, nossa maldade também pode ser passageira, já que não é de nossa natureza. Se nos modificarmos, partindo da admissão de nosso egoísmo, tudo o mais poderá ser modificado junto.

O homem não tem ideia de seu enorme poder na modificação do mundo em que vive e do qual tanto reclama. Ser honesto e cuidar bem da família não é mais o suficiente ou qualidade admirável nos dias atuais. Aliás, é só uma obrigação.

Não nascemos para nos iluminar. Aqui estamos para contribuir e caminharmos juntos, com empatia e compaixão. Se assim não for, se não nos modificarmos, nosso sofrimento se perpetuará, pois não podemos enganar a vida. Seria como estarmos mais ou menos grávidos.

Nossas almas são livros abertos para o universo, muito além de nossos egos e de nossos melodramas atuais.

Conclusões:

– Se não compreendermos o que é empatia, jamais compreenderemos o que é compaixão. A primeira dá insight e a segunda motiva a ação de socorro.

– A causa primeira de nossa inércia é nosso egoísmo, que nos impede de sair de nossa zona de conforto. Simplesmente não detectamos as dores alheias.

– A maldade não é de nossa natureza, o que permite que possamos nos modificar. Se admitimos nossos defeitos, o primeiro passo será dado.

16. Nada mais que mendigos emocionais

> Quando não temos capacidade de correr atrás do que queremos ou precisamos, nos transformamos em pedintes silenciosos do universo, pois, além de vivermos dependentes da apreciação dos outros, nossa atenção estará sempre voltada para a vida alheia.

Recordando

Costumamos dizer que todo ser humano, secretamente, deseja a felicidade alheia. Aquelas coisas que, em nossa fantasia, geram a tal felicidade que tanto almejamos. Transferimos então, de forma quase delirante, nossas frustrações para a falta que nos fazem as benesses que enxergamos nas vidas dos outros, não importando muito de que ordem sejam.

Muitas vezes, vivemos de mágoa em mágoa, sem compreender as razões de termos sido preteridos pela sorte. Entretanto, não admitimos publicamente nossa inveja, embora nem sempre nos seja possível escondê-la o tempo todo.

O grande nó

E não fosse apenas isso, percebemos que, via de regra, a inveja anda de mãos dadas com a vaidade. A grande questão é que esses defeitos, ao mesmo tempo que costumam ser socialmente aceitos, não podem ser publicamente admitidos, pois se tornaram politicamente incorretos.

São aceitos, nas pequenas rodas, porque trata-se apenas de uma questão quantitativa, isto é, um pouco mais ou um pouco menos, todos temos uma fração deles escondida ou adormecida em nossas almas, pronta para entrar em ação.

Como na vaidade, quando cochicham pelos cantos, por exemplo:

"Ela é tão vaidosa e se cuida tanto. Que linda."

Mas, ao mesmo tempo, entredentes, também rola a contradição:

"Nossa! Quanta vaidade. Que horror."

Ou na inveja, mais sutil e escondida, quando pensamos coisas como:

"Minha filha ainda vai dançar balé tão bem como a filha de fulana."

E caso verbalize o desejo para uma amiga, recebe um sorriso amarelo de aprovação enquanto a outra pensa com seus botões:

"Nunca está satisfeita com o que tem. A menina é tão boazinha e estudiosa. Bem que eu queria que minha filha fosse assim."

Forma-se um nó. É o sim e o não convivendo ao mesmo tempo. Ser vaidoso é aceito e ao mesmo tempo precisa ser criticado e ser invejoso é feio, mas todo mundo, no fundo, também quer para si alguma coisa que observou no outro.

Os defeitos escondidos que todo mundo tem

Inveja e vaidade são defeitos miscigenados no seio da sociedade. Ao contrário de outros dos quais já falamos, estes todos temos, em maior ou menor grau.

É assim que se constrói uma sociedade de consumo, isto é, através da manipulação desses defeitos são impostas as tendências que decidem o que vamos vestir, comer, fazer, usar, aprovar ou pensar. As grandes empresas, quase sem exceção, estudam a fundo esses assuntos e manobram, subliminarmente, a mente das pessoas para que desejem esta ou aquela coisa. Muito simples.

E as mídias, como as redes sociais, por exemplo, tratam logo de complementar a trama e nos determinar os itens de que se compõe a felicidade.

Essa confusão social também ajuda a criar nas pessoas a ilusão de que desse mal ela não sofre. E se percebe, não admite que participa desse grande jogo ou então decide que é normal. Nada demais. Cria-se também a ilusão que não existem consequências emocionais.

E uma coisa puxa a outra

E qual defeito vem primeiro? Vaidade ou inveja? Depende apenas de nossa percepção. No fundo temos inveja de coisas que poderiam saciar nossa vaidade e vice-versa, isto é, para alimentar a vaidade precisamos de coisas que, geralmente, estão fora de nós. Difícil ou mesmo impossível saber. Até porque não importa.

De fato, a solução para essa situação que nos escraviza ao sistema em que vivemos, passa, antes de tudo, pela honestidade. Não aquela honestidade para com o outro, como não roubar ou lesar, mas uma honestidade para conosco mesmo.

Uma ação que nos levaria a uma libertação, pois, na medida que admitimos que somos assim ou assado, olharemos de frente nossa própria alma, definindo nossas próprias prioridades, em vez de caminharmos sob o cabresto imposto por alguém, por um grupo ou pela grande sociedade.

O problema é que, cada vez que o assunto é mencionado, as pessoas costumam ter chiliques:

"Eu? Imagina... Claro que não."

O outro lado da questão

Quando somos muito vaidosos precisamos, desesperadamente, exibir nossos atributos mais visíveis, sejam eles de ordem intelectual ou material.

É aquela mulher que gasta mais do que tem, e se endivida, para poder exibir-se a cada dia com um novo par de sapatos. É o empresário ou o artista que tem pruridos se passar uma semana sem aparecer na mídia. É a mocinha que descobre a hora e local que as amigas curtirão um cinema apenas para desfilar o namorado novo e bonitão.

Ou então o filantropo, que todo fim de ano faz questão de apresentar no Facebook a contabilidade de quantas cestas básicas distribuiu, de quantas hortas comunitárias ajudou a construir, quantos presentes comprou no último natal para as criancinhas necessitadas, quantos hospitais visitou vestido de coelhinho da páscoa ou quantas edificantes palestras gratuitas proferiu, por exemplo.

E todos eles esperam, secretamente, os elogios. Esperam pelo reconhecimento daquilo que deveria ser apenas uma manifestação de vida comum. Simples e normal.

No fundo, parece que vivemos para os outros, para nos submetermos à apreciação alheia. E voltamos a nos escravizar, a fazer sacrifícios, a nos desrespeitar, a sofrer e a chamar a nós mesmos de incompetentes para prover a felicidade de dentro para fora. Precisamos que o outro venha nos dizer que somos legais, bonitos, ricos, bem vestidos, bem-sucedidos, inteligentes ou bonzinhos. Tanto faz.

E quando não recebemos o esperado nos frustramos e sofremos. Se formos bem honestos, nunca fazemos nada de forma desinteressada, sem esperar recompensas.

Viver o agora

Gastamos toda nossa energia vivendo no futuro. A esperar. Sempre a esperar as glórias do que fazemos. Não conseguimos viver no agora e nos saciarmos de alegria pelo simples fato de estarmos vivos, ativos, presentes, contributivos e alertas.

Estamos sempre de olhos espichados para fora de nós. Nos transformamos em pedintes silenciosos do universo, especialmente quando não temos forças ou capacidade de correr atrás do que queremos ou precisamos. Embora, no final das contas, nem saibamos mais de que precisamos, pois incorporamos valores que, provavelmente, não são mais os nossos.

Conclusões:

– Na inveja cobiçamos o que pensamos estar provendo a felicidade dos outros.

– Na vaidade precisamos da aprovação alheia para sermos mais felizes.

– Nunca admitimos que somos nem uma coisa e nem outra, terminando por nos escravizar à comunidade na qual estamos inseridos, pois vivemos para ela e nos submetemos aos seus caprichos.

– Estamos sempre vivendo a esperar pelo futuro e suas fantasiosas recompensas, já que não temos competência para perceber ou encontrar a felicidade sozinhos em nossas vidas no momento presente.

17. A banalização da palavra gratidão

Se a tal gratidão despertar a sensação de impotência no necessitado ou de vaidade no benfeitor, de ambos os lados existe alguma coisa errada. Às vezes repetimos a palavra gratidão como papagaios treinados, sem nenhuma reflexão.

Modismo

Virou moda nos últimos anos, alavancada pelas posturas que são alardeadas como politicamente corretas e, principalmente, pela facilidade das novas mídias, o uso da palavra gratidão.

A gratidão, por definição, seria a característica daquele que está grato ou é agradecido. Todavia, todos os dias somos quase que subjugados por mensagens que nos incitam a interagir com uma enorme demanda de informações, aparentemente boas e instigantes, gerando emoções que saciam, de alguma maneira, pessoas que delas estão carentes.

Textos esotéricos, religiosos, sobre saúde ou os variados tipos de autoajuda, por exemplo, que, por oferecerem soluções à corações ávidos de felicidade, aparentam ser mais ou menos mágicos, são elevados à um altar de gratidão necessária. Um altar onde se coloca o texto recebido ou a pessoa que o postou. Passamos a ser reféns da obrigação de usar essa palavra sem nos darmos conta de seu significado.

Repertório variado e completo

É comum, durante transmissões ao vivo dessas mídias, especialmente naqueles assuntos que contemplam necessidades de forte apelo emocional, que o autor esqueça de mencionar em seus conselhos que, para se conseguir este ou aquele benefício, é preciso arregaçar as mangas e trabalhar intensamente.

Independente da boa vontade do autor, costuma prevalecer a enganosa aparência de ser algo fácil de se obter, observando-se uma enxurrada de instintivas respostas que contém uma única palavra: gratidão. Coraçõezinhos, mãozinhas postas ou aplaudindo enchendo as telas denunciam o estado de espírito fisgado naquele momento.

São coisas de todos os tipos: de emagrecimento ou obtenção de níveis confiáveis de colesterol, passando por paz interior ou cura da depressão e chegando aos caminhos infalíveis para iluminação espiritual. Existe de tudo. Para todas as necessidades e para todo tipo de preferência. Da yoga à malhação. Do veganismo à dieta dos carboidratos. De Cristo à Buda. Um repertório completo e de fácil acesso faz brilhar os olhos dos que se afinam com as propostas, com certeza. Muitas realmente sérias, mas sem nenhuma facilidade, obviamente. Basta perguntar a um praticante de yoga, por exemplo, se as posturas são fáceis.

Você está agradecido pelo que mesmo?

Ora, como podemos estar agradecidos pela simples indicação de coisas que nem sabemos se temos condições de obter ou fazer? Como podemos estar agradecidos apenas por palavras bonitas que nem sequer tivemos tempo de passar pelo crivo da razão? Ou apenas porque supostamente alardeiam terapias, técnicas, liturgias ou rituais de bom histórico? Isso para não falar em coisas sem explicação lógica ou comprovação de veracidade.

Será que encontramos, em poucos minutos, a solução para nossas dores ou o melhor caminho para felicidade? Essas soluções funcionariam para nós? Já refletimos sobre isso?

Estamos mesmo dispostos a sair do zero e passar uma dezena de horas tentando uma quase impossível postura do yoga, que, sabidamente, apresenta benefícios incríveis depois de meses ou anos de estudo e trabalho? Ou quem sabe começar aqueles difíceis exercícios que, obviamente, diminuem a barriga, mesmo sem saber se vão prejudicar nossa coluna ou se são adequados para nossa idade e condição física?

E o que não dizer dos ensinamentos filosóficos ou religiosos que nos pedem abstenções difíceis, muito estudo e reflexão ou ainda despojamento de quase tudo? Tudo ótimo, mas como fazer isso? Como abrir mão de tantas coisas e ao mesmo tempo obter paz de espírito?

Tudo isso são coisas que se consumidas sem critério, acabam gerando ainda mais sofrimento e frustração.

Agradecemos sem pensar

Quando ouvimos ou lemos sobre essas maravilhas, repetimos como papagaios treinados a palavra gratidão, quase como um louvor, só faltando ajoelharmos:

"Oh! Gratidão por suas sábias palavras! Gratidão!"

Estamos mesmo gratos? Terão aqueles conselhos movimentado dentro de nós a emoção que deve acompanhar uma gratidão verdadeira ou estarão apenas manipulando nossas necessidades e despertando nossos desejos?

De qualquer maneira, quando nos damos conta das dificuldades, costumamos fazer a mesma coisa que fazemos quando não somos atendidos pela divindade ou por seus intermediários, isto é, ficamos zangados. E a tal gratidão foi para o espaço.

É como o jogador de futebol que ganhou o jogo e agradece ao Deus que o abençoou. Terá por acaso este mesmo Deus abandonado o perdedor? E quando ele próprio perder? Deixará de ser grato à divindade na qual acredita?

Gratidão depende apenas do benefício alcançado?

Beneficiado e benfeitor

A gratidão verdadeira deve gerar uma sensação de paz, mas, mais precisamente, uma sensação de dívida com o benfeitor, representante do universo. Isto é, deve mobilizar ternas emoções e despertar a vontade de amar ao próximo e de passar adiante o benefício obtido e não o proclamado, mesmo que seja subjetivo.

Não a dívida que obriga, mas a que desperta e ilumina.

A gratidão verdadeira passa longe do simples "Deus me abençoou" e ponto final. Frase dita, geralmente da boca para fora, e que parece conter em si mesma outra frase, oculta: "Então é tudo meu e pra mim", isto é, o benefício não é estendido a ninguém.

Se você se diz grato para todas as coisas bonitas que lhe acenam, preste atenção porque você pode estar confundindo gratidão com irritação com os problemas não resolvidos ou com sua preguiça para resolvê-los. Aquela ilusão escondida de que suas necessidades serão supridas de maneira mágica e sem esforço.

Os ingratos

No outro extremo, por conta de uma arrogância velada, você pode ser daqueles que nunca agradecem nada porque acha que os outros, ou o mundo, têm obrigações para com você. Não vivencia nem mesmo a gratidão falsa. O que dizer da verdadeira?

O benfeitor, por sua vez, deveria apenas entender que, se considerarmos o amor fraterno, está apenas cumprindo sua obrigação, e não poderia se preocupar com o troco, com a dívida, com a contabilidade. Isto é, se você não tolera não receber curtidas ou coraçõezinhos nas mensagens que publica ou fica sentido quando faz algo para alguém e não obtém a contrapartida do humilde agradecimento, mesmo que vazio e protocolar, desconfie que você é apenas um interesseiro emocional.

Também neste outro extremo, sempre convém avaliar se você, suposto benfeitor, não quer mais é controlar a vida do outro com suas benesses.

Amor fraterno

No final das contas, se a gratidão despertar a sensação de impotência no necessitado ou de vaidade no benfeitor, de ambos os lados existe alguma coisa errada. E se, em qualquer situação, aparecer irritação, pare imediatamente, dê dois passos para trás e reavalie a questão.

O dar e o receber sem segundas intenções, mesmo que não se tenha consciência disso, deveria ser apenas acompanhado do sorriso que traduz um amor fraterno e não de palavras. Aliás, é disso que se trata a verdadeira gratidão. Desperta fortes e boas emoções e não palavras jogadas ao vento. E, de qualquer modo, o amor nunca deveria ser banalizado.

Conclusões:

– A verdadeira gratidão deveria gerar uma sensação de dívida positiva com o universo e não de submissão ou dependência.

– Se a gratidão despertar a sensação de impotência no necessitado ou de vaidade no benfeitor, de ambos os lados existe alguma coisa errada.

– A palavra gratidão foi banalizada por interesses doentios de ambas as partes; coisas como preguiça e arrogância costumam permear cada um dos lados.

18. Você percebe que é mal-amado? – A arrogância

Existe quem fale coisas absurdas sem qualquer pudor ou medo do ridículo. São pessoas que se acham o último biscoito do pacote, até mesmo quando sua inteligência capenga os condena. Não pedem a opinião de ninguém e cultivam apenas o próprio ego.

Nascido em berço de ouro

Imagine se você tivesse nascido no século XVIII, aqui mesmo no Brasil. Pode imaginar?

Seu nome seria Jonas e teria recebido de seu pai, forte fazendeiro na região das matas das Minas Gerais, muita terra bruta, em reconhecimento de sua força para o trabalho e determinação para lidar com os negócios. Era seu preferido, pois eram muito parecidos no jeito de ver as coisas.

Eram terras que ninguém queria, das quais seu pai se apropriara em troca de uma dívida. Havia emprestado grande soma de dinheiro a um amigo, que não honrou o compromisso. O homem acabou indo embora para Portugal desistindo de reaver as terras.

Nelas existiam apenas ruínas de antiga fazenda, com campos ressecados, senzalas inaproveitáveis e uma casa grande caindo aos pedaços.

Mandou derrubar tudo e começou do zero.

Na época em que imaginamos esta sua vida você teria seus 35 anos e já havia transformado aquelas terras virgens numa verdadeira maravilha, sendo admirado por todos na família. Ria-se dos outros irmãos que aceitaram do pai fazendinhas prontas e nelas tocavam suas vidinhas insípidas.

Glórias com o chapéu alheio

Tinha grande orgulho de sua inteligência para conseguir melhorias e logo transformou a propriedade numa grande plantação, que se perdia de vista. Gostava de se gabar que havia conseguido tudo cravando as mãos na terra para cultivá-la, o que não correspondia bem à verdade. Quem trabalhava de fato eram os muitos escravos. Dezenas dele. E a que preço.

Tratava a todos na base da chibata, não se importando se morressem no tronco. Separava famílias, vendendo pais ou filhos se a proposta fosse boa. Comprava outros tantos nas mesmas condições. Negras eram usadas como reprodutoras. Não se preocupava com o sofrimento de nenhum deles.

Não era difícil perceber por que era o preferido do pai, que sempre ensinou que escravos eram apenas parte do negócio e deviam ser mantidos sob o peso de chicote para não tirarem as manguinhas de fora. Até um pouco de fome deveriam passar para não ficarem pensando em outras bobagens.

E a vida foi passando tranquila. Fez um casamento arranjado e teve vários filhos. Morava numa linda casa. Quando enjoava da mulher procurava escravas jovenzinhas e bonitas para passar o tempo. Ai de quem se recusasse. E quando tinham seus filhos, eram apenas mais mão de obra para a fazenda. Ria-se disso. Todos fingiam não saber, inclusive a família.

E a vida passa depressa

Com a morte do pai, já com seus 50 anos, acabou herdando mais terras, que anexou às suas, transformando a Fazenda Santa Ana num verdadeiro império. Tornou-se o mais forte fazendeiro de toda região.

Não cabia em si de orgulho. No dia de comemoração à padroeira terminou por dar uma grande festa, para a qual até mesmo os escravos foram convidados. Nas senzalas foram autorizados a matar dois bois e a festejarem a noite toda.

Muito convidados importantes desfilaram na casa grande, incluindo o intendente da câmara, o médico português da província, alguns professores, o mestre construtor e os vários padres da região, despejando bajulações e alimentando sua já incontida sensação de que era mais esperto, inteligente e poderoso que os demais.

Entendia de tudo. Tudo sabia e nada lhe escapava. Como sempre, derrubava todo e qualquer argumento em qualquer conversa e sobre qualquer assunto. E ninguém, naturalmente, se atrevia a levar as contestações muito adiante, pois todos nas redondezas precisavam de seus muitos favores, embora rissem pelas suas costas.

Bem, para encurtar sua história, logo começou a sofrer do coração e a acreditar nas falações dos escravos sobre os espíritos que haviam morrido na antiga fazenda e que agora vagavam por ali. Com a doença cardíaca piorando, sentia dores horríveis no peito e logo imaginou que fossem as mãos em garra dos escravos mortos buscando vingança, como aliás, se cochichava mesmo pelas plantações.

Começou a beber demais e, sem demora, a enlouquecer. Logo foi tido como um velho maluco e bêbado. Os filhos já tocavam a fazenda há muito tempo. Enquanto isso ele fugia da casa e se embrenhava pelo mato para se esconder das vozes ameaçadoras que pensava ouvir. Um dia foi encontrado morto na pedreira e o boato que correu é que os escravos se aproveitaram de sua situação para empurrá-lo montanha abaixo.

O último biscoito do pacote

Trocando de época e voltando aos dias atuais não é difícil perceber que, embora não nos vangloriemos hoje de crescer às custas de nossos escravos, muitos de nós continuamos a cultivar a adoração de nosso próprio ego.

Nos sentimos melhores que os outros, os ignorantes de uma forma geral, que não entendem o que nós achamos que já entendemos, ou que não partilhem de nossas opiniões ou crenças, por mais estapafúrdias que sejam.

Fazemos pouco caso e chegamos a tratar as questões que nos parecem óbvias com desdém. A opinião dos outros não nos interessa de fato. Sabemos mais que os médicos sobre nossas doenças; sabemos também mais que os engenheiros sobre a construção de nossas casas; entendemos de leis mais que os advogados e não suportamos decisões que não nos beneficiem, já que temos sempre razão. Nos problemas familiares então, somos mestres em tomar decisões absurdas, além de ficarmos irados quando contrariados.

Não temos, de uma forma geral, qualquer compaixão quando magoamos as pessoas, via de regra desnecessariamente, ao tentar impor nosso ego inflado.

Afinal, somos especialistas em tudo, formados pelas escolas do dr. Google e pela opinião das redes sociais, onde apresentamos nossos problemas devidamente acondicionados em lindos posts recheados de meias verdades.

Continuamos os mesmos

Nesse processo do caminhar desta humanidade, embora apenas pouco mais de dois séculos tenham se passado, não é difícil perceber que o Jonas ainda mora dentro de você, caso ainda pense ou se comporte dessa maneira, mesmo que guardadas as devidas proporções.

Para o ignorante fazendeiro, limitado a seu mundinho provinciano, o orgulho era compreensível e até socialmente aceito em função da época e de sua posição econômica.

Mas hoje, mesmo já imaginando que também fazem chacota pelas nossas costas, continuamos a falar coisas absurdas, sem qualquer pudor ou medo do ridículo, pois achamo-nos o último biscoito do pacote, até mesmo quando nossa inteligência capenga nos condena.

Ao contrário do que gostamos de pensar, as pessoas não são burras ou ignorantes e não somos melhores que elas em tudo. Ainda assim, não cogitamos mudanças que nos façam ser mais amados de verdade e, por consequência, mais felizes. Não pedimos a opinião de ninguém e não aceitamos qualquer ajuda que não tenha sido desenhada por nós.

E quando, nos embates da vida, ocasionalmente, não temos saída senão pedir, além de criticar o que recebemos, não agradecemos jamais. Somos ingratos, mas tentamos nos enganar, inventando mil e uma razões para nossas críticas. Chegamos, às vezes, a desdenhar daquilo que nos foi dado de bom coração.

Enfim, nossa arrogância, filha preferida de nosso orgulho, nos cega e maltrata. Seguimos tropeçando pela vida, isolados num sofrimento sem fim, pois não conquistamos o amor das pessoas, já que, no fundo, as desprezamos.

Conclusões:

– O orgulho é a origem primeira de todos nossos defeitos e, por conseguinte, de nossas dores.

– A arrogância, ao nos cegar para quem realmente somos, especialmente para nossas limitações, não possibilita que recebamos a ajuda e o aprendizado possíveis que o mundo tem a nos oferecer. Então, rapidamente, nos tornamos alvos da piada ou da irritação alheia.

– Ela também promove para conosco, vinda daqueles que realmente gostariam de nos ver mais felizes, uma antipatia crescente e desanimada, quase um desconsolo com nossas atitudes. Cria-se uma roda sem saída, que não nunca cessa de girar e de nos fazer sofrer.

Observação: a história de Jonas, observada em sessão de terapia de vida passada, foi extraída do livro *Tempo de amar - trajetória de uma alma*, da mesma autora e analisada para esta obra.

19. Inquisidores modernos – A intolerância

Nossa dificuldade em aceitar as diferenças nos coloca num turbilhão, onde agressividade gera agressividade. Isso nos carrega para as beiras da insanidade e impede que sejamos queridos ou que tenham solidariedade conosco.

Nossas escolhas

Imagine se você tivesse vivido em meados do século XI da era cristã. Pode imaginar?

Seu nome seria Angelim e na época que imaginamos sua história você teria seus 40 e poucos anos e viveria em terras da Península Ibérica, usufruindo de alto cargo no clero.

Alto, gordo, barba ruiva, você seria um bispo ou um padre de alto escalão na igreja, membro atuante de um tribunal da Inquisição. Trabalhava, digamos assim, numa enorme construção de pedras escuras, fria, onde o ar parecia impregnado com o cheiro da fumaça que saía dos enormes braseiros de aquecimento. Tratava-se de um mosteiro e o ano em questão era o de 1266.

O inquisidor e a intolerância

Eram tempos ocupados para os padres, pois a igreja se posicionava fortemente contra os hereges e a obrigação dos cristãos era, justamente, a de defender o nome do cordeiro. O povo clamava por proteção contra as mulheres que faziam feitiçarias e contra os homens que blasfemavam contra Deus. Muitos bruxos estavam à solta. Precisavam ser caçados e julgados com o peso das punições divinas.

Qualquer curador de boa vontade que mexesse com ervas, assim como qualquer um que tivesse algum tipo de conhecimento considerado impróprio, como saber ler um manuscrito fora do ambiente eclesiástico, por exemplo, já poderia ser considerado suspeito de bruxaria. Se uma pessoa tivesse uma doença estranha, como desmaios, ou ainda expressasse qualquer pensamento tido como herético, acabava sendo arrastado às barras dos tribunais da igreja. Mentiras eram também, facilmente, construídas quando era preciso se livrar de alguém.

Julgamentos sumários e sem possibilidade de defesa eram a regra. Dependia muito do nível social e das conotações políticas do acusado. Quando moedas de ouro eram oferecidas em troca de um passe livre para a fuga, algumas benesses eram concedidas na calada da noite. O cidadão desaparecia e nada mais se sabia sobre ele, embora os proclamas o colocassem no rol dos executados.

Havia muita fome e miséria fora dos muros da abadia. A cidade era fria, chuvosa e coberta de lama. Ruelas imundas, cheias de ratos e gente miserável pelos becos, com muitas crianças sujas e famintas perambulando por ali procurando qualquer coisa para comer ou roubar. Um caos olhado com desdém por clérigos como Angelim, que desfilavam seu poder em pequenas liteiras cobertas por grossas camadas de veludo e levadas por amedrontados serviçais. O medo, aliás, fazia parte do cotidiano das pessoas naqueles tempos de trevas e ignorância.

Para Angelim, só o que importava era libertar o mundo dos infiéis, função que cumpria à risca nos tribunais subterrâneos, onde se acreditava piamente em feitiçarias.

Pessoas de todas as idades eram atiradas às fogueiras sem qualquer piedade ou constrangimento de sua parte ou dos demais inquisidores.

As desculpas

Nascido numa família simples, aos 8 anos teve seus pais e irmãos menores mortos. Todos queimados, também numa fogueira, por membros de uma seita de fanáticos, que dançavam e promoviam um espetáculo de pirotecnia com pós coloridos, enquanto sacrificavam suas presas. Conseguiu fugir, sendo recolhido num convento de padres, onde cresceu e se tornou um caçador de bruxos, tendo suas convicções facilmente alimentadas por seu ódio aos hereges que mataram sua família.

E como todo aquele que vive na intolerância, terminou morto por seus pares, acusado que foi de apaixonar-se por uma feiticeira já condenada, a quem tentou salvar. Um escândalo. Foi traído, julgado e condenado à mesma fogueira para onde tinha enviado dezenas de inocentes.

Revoltou-se contra os colegas ingratos, pois sempre trabalhara em nome de Deus, nutrido pela intolerância com aqueles que, supostamente, não rezavam por sua cartilha de fé. Mas, além deste ódio, além da obra divina, esqueceu-se da vida boa que levava, com alimentação farta, mulheres e as muitas moedas que pingavam em sua bolsa. Coisas que, secretamente, muito o agradavam.

Agressivos donos da verdade

Quando olhamos para sua história pelo prisma dos dias atuais, não nos é difícil perceber que continuamos a ser intolerantes, especialmente com aqueles que não consideramos nossos pares. Aqueles que não pensam como nós, aqueles que não professam as mesmas crenças religiosas, que não torcem pelos mesmos times, que não têm as mesmas convicções sobre sexualidade ou não defendem as mesmas ideias políticas, por exemplo.

Da mesma maneira, também não há nenhuma dificuldade em notar que nosso fim será o mesmo. Isso quer dizer que, se não acabarmos feridos ou mortos por nossos inimigos imaginários em torcidas de futebol, como vemos todos os dias ou em guerras religiosas que encobrem outras tantas ferozes disputas, ou ainda no embate de manifestações de opostos, entre tantas outras querelas, terminaremos por sofrer em nossas pequenas e insípidas vidas de muitas outras formas.

Nossa dificuldade em aceitar as diferenças, desde as pequenas dentro da família ou do trabalho, até as de ordem filosófica, digamos assim, nos coloca num turbilhão, onde agressividade gera agressividade.

Não notamos que, no final das contas, um enorme número dos indivíduos não gosta muito de ninguém de fato, e se gosta, isso só dura até haver uma discordância, de importância relativa, é claro. A recíproca, naturalmente, será sempre idêntica. Simples assim.

Pseudoverdades passageiras

E como aconteceu com Angelim, como as cabeças das pessoas mudam com o vento, com os modismos, com a situação do momento ou com o simples passar das estações, aqueles que são nossos pares hoje, em determinada facção de intolerância, que tanto pode ser o irmão mais novo, como o amigo do trabalho, a noiva, o parceiro político ou o companheiro de copo e de bar, rapidamente, todos podem se bandear para outros times.

Na movimentação da vida nos acostumamos a julgar partindo de premissas frágeis, muitas vezes sem observar a realidade dos fatos, o que, constantemente, nos faz promotores de discussões inúteis. É claro que a diversidade dá tons coloridos a esta humanidade, e, deste modo, não precisamos mesmo concordar com as opiniões alheias. Mas, poderíamos, ao menos, respeitar o direito dos outros de pensarem diferente de nós. Até porque não somos os donos da verdade.

A propósito, com tudo que sabemos, julgar as pessoas já deveria ser algo fora de nossos hábitos. Isso ficaria muito bem para o velho Angelim. Hoje, todavia, poderíamos apenas observar e até constatar, é claro, que existem pessoas com as quais não nos afinamos, por muitas razões. São pessoas das quais temos até o direito de nos afastar. O que não significa que seja normal sermos tomados pela irritação e até mesmo pela ira à simples menção de seu nome.

E como na intolerância não existe compaixão, também como na história de Angelim, poderemos ser traídos ou agredidos, ou talvez apenas magoados e esquecidos. Isso para não falar naqueles que também agredimos no trivial do dia a dia com palavras rudes, desdenhosas ou de outras maneiras piores. Pessoas que, naturalmente, nunca vão conseguir gostar de nós. Aliás, se não forem santos, também poderão revidar na mesma moeda.

Resumindo, nossa agressividade, filha exemplar de nossa intolerância com as diferenças, impede que sejamos queridos ou que tenham solidariedade conosco. Para não citar outras coisas.

E, também como o bispo medieval, continuaremos a desfiar um repertório infinito de desculpas para nossos atos beligerantes. Nossa ficha parece que não cai nunca.

Até quando?

Até quando a exaustão tomar conta e aceitarmos abrir mão de nossas pseudoverdades. Coisas que, até então, achávamos essenciais. Ou, pelo menos, identificarmos que tais verdades só servem para nós mesmos e que tentar impô-las na marra, física ou psicologicamente, não passa de uma dolorosa insanidade que, com certeza, nos gerará consequências também dolorosas.

Conclusões:

– Nossa intolerância nos carrega para as beiras da insanidade, onde não nos importamos em agredir e ser agredidos. Vivemos em eternas disputas.

– Criamos pseudoverdades que defendemos com unhas e dentes, para depois, simplesmente, mudamos de time com o passar do tempo, sem perceber o ridículo de nossas atitudes.

– Agressividade gera agressividade e sempre acabamos por colher o que plantamos. Lamentamo-nos, mas não admitimos que estávamos errados.

Observação: a história de Angelim, observada em sessão de terapia de vida passada, foi extraída do livro *Tempo de amar - trajetória de uma alma*, da mesma autora e analisada para esta obra.

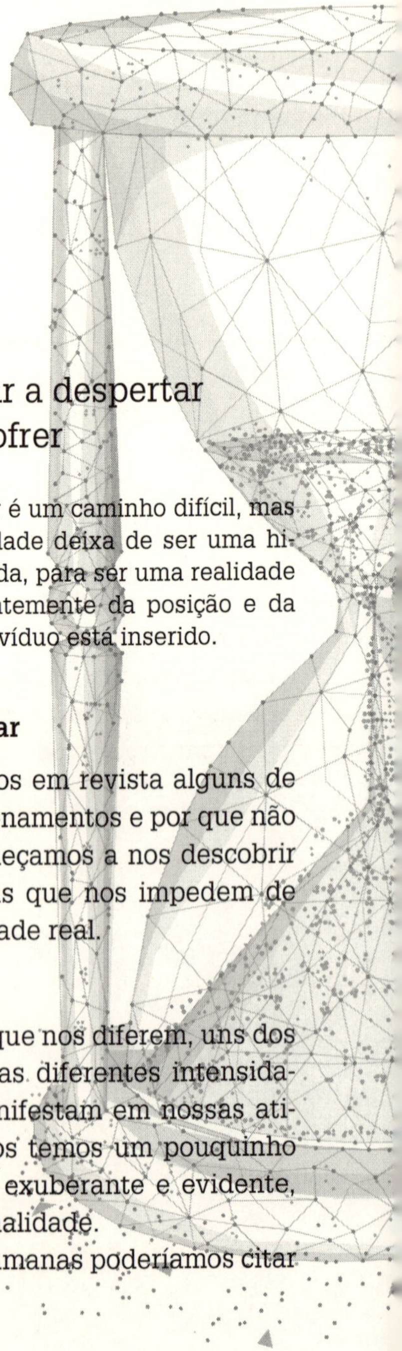

20. Tempo de começar a despertar e parar de sofrer

A modificação interior é um caminho difícil, mas seguro, onde a felicidade deixa de ser uma hipótese a ser perseguida, para ser uma realidade imediata, independentemente da posição e da sociedade onde o indivíduo está inserido.

É chegada a hora de recomeçar

Nos textos anteriores passamos em revista alguns de nossos inúmeros defeitos, condicionamentos e por que não dizer, pequenas insanidades. Começamos a nos descobrir e a tirar nossas máscaras, aquelas que nos impedem de caminhar em direção a uma felicidade real.

Resumindo nossos defeitos

São muitos e as únicas coisas que nos diferem, uns dos outros, enquanto indivíduos, são as diferentes intensidades através das quais eles se manifestam em nossas atitudes. De certa forma, quase todos temos um pouquinho de cada um. Quando ele é muito exuberante e evidente, termina por marcar a nossa personalidade.

Entre tantas idiossincrasias humanas poderíamos citar que:

– Muitos de nós somos intolerantes, mas arrumamos mil e uma desculpas para justificar nossas pseudoverdades e nossos atos beligerantes, geralmente ridículos. Nossas ações chegam a beirar a insanidade. Ao final, no frigir dos ovos, estaremos sozinhos.

– Também podemos ser orgulhosos e arrogantes, o que nos cega para nossas limitações. Altivos, não aceitamos ajuda que não venha disfarçada de obrigação alheia. Sofreremos e criaremos ao nosso redor, no mínimo, antipatias e desânimo.

– A inveja, aquela que anda sempre de braços dados com a vaidade, também pode fazer parte de nossa personalidade e, nesse caso, caminhamos lado a lado com a frustração. Nos tornaremos escravos daquilo que está fora de nós ou de nosso alcance.

– Todos somos um pouco melindrosos e nos ofendemos se alguém aponta algum defeito. Ficamos irritados, sofremos e fazemos sofrer, mas, em vez de analisar friamente a situação, preferimos pensar que são injustos conosco. Ou então nos iludimos, achando que ninguém percebe nossos defeitos. Estaremos sempre magoados.

– Costumamos também criar expectativas sobre o que o mundo, ou as pessoas, devem fazer por nós. E como deverá ser feito. Assim, de forma passiva, apenas esperamos, enquanto jogamos a felicidade para frente no tempo. Confundimos esperança com expectativa e, como nesta última nossa felicidade depende de ser provida de fora para dentro, conviveremos com a frustração.

– Somos seres prepotentes, pois gostamos de fazer nossa vontade prevalecer. Como, naturalmente, nem o mundo e menos ainda as pessoas existem para satisfazer nossos desejos, ficamos irritados. Agredimos ou nos deprimimos. De qualquer maneira sofreremos achando que somos incompreendidos.

– Carregamos também uma pitada de egoísmo, o pai de todos os males. Aí podemos passar a vida a olhar para nosso próprio umbigo, sem aproveitar a beleza que poderia vir dela, pois pouco percebemos as pessoas ao nosso redor. Não notamos suas qualidades e muitíssimo menos suas dificuldades. Nunca conheceremos o amor.

Recordando o caminho para a felicidade

Não gostamos de sair de nossa zona de conforto e, dessa maneira, não corremos atrás de verificar que modificações seriam necessárias, no aqui e agora, para resolução de nossos problemas, especialmente os do nosso temperamento, que costumam ser a fonte de todos os demais que impedem nossa felicidade.

Na medida em que não somos felizes no hoje, perdemos a capacidade de interferir no universo de forma criativa. Transformamo-nos em pouco mais que pesos mortos, apesar de confortavelmente instalados na posição de vítimas. Assim, podemos nos queixar à vontade deste mundo cruel e seus terríveis habitantes que nada fazem para nos auxiliar ou então que impedem a realização de nossos desejos.

Esquecemos que a frustração faz parte da vida e que precisamos aprender a lidar com ela. Nem tudo pode ser do nosso jeito e achar que nossas necessidades devem sempre vir em primeiro lugar é, no mínimo, pouco inteligente. E, afinal, como veremos adiante, brandura não é sinônimo de fraqueza, assim como resignação não o é de fracasso.

Mas, para ser realmente feliz e descobrir suas reais necessidades, o ser precisa sair de sua zona de conforto, onde tudo lhe é familiar. Precisa aprender a pensar pela própria cabeça, a perceber seus condicionamentos e admitir que tem defeitos, pois, além de sofrer, também causa sofrimento. Até porque, no final das contas, se nada mudar, quem vai ficar sozinho é ele mesmo.

A partir daí a verdadeira modificação interior poderá começar. Um caminho difícil, mas seguro, onde a felicidade deixa de ser uma hipótese a ser perseguida, para ser uma realidade imediata, independentemente da posição e da sociedade onde o indivíduo está inserido.

Conclusões:

– Os defeitos só diferem, de um indivíduo para o outro, na questão da intensidade.

– Somos acomodados e, desta maneira, não costumamos sair atrás das possíveis e, muitas vezes, trabalhosas, soluções para nossas dificuldades, aquelas que impedem nossa felicidade.

– Muitas vezes preferimos nos acomodar num papel de vítima, pois assim podemos nos queixar de tudo e todos que achamos impedir nossa felicidade. Não pensamos.

21. Não é o tempo que está passando. É a sua vida!

Vivemos de uma forma letárgica a apontar o dedo em todas as direções buscando culpados, ou então apenas avaliando aquelas chatíssimas coisas que desconfiamos ser as soluções para nossos problemas. Felicidade e facilidade não cabem numa mesma frase.

Os "com razão" e os "sem razão"

O que se percebe hoje no mundo é a existência de uma multidão de queixosos-raivosos. Alguns com razão, digamos assim, mas a maioria absoluta quase que por hábito.

Apenas para nos situarmos chamaríamos os "com razão" aquelas pessoas que estão passando por enormes tragédias em suas vidas, como guerras, expurgos e cataclismos de todos os tipos. Pessoas sem condições de filosofar sobre a razão de suas dores, seja por falta de cultura, por falta de tempo ou por falta do mínimo para subsistência. Pessoas cuja luta pela sobrevivência impõe um ritmo acelerado de necessidades inimagináveis para os "sem razão", isto é, a maioria de nós.

Deixando de lado nesta discussão essa parcela sofrida da humanidade, o que move a outra, a nossa, em direção ao sofrimento sem saída da reclamação crônica? Por que nos comportamos assim?

Somos sedentários de corpo e alma

Vivemos de uma forma letárgica a apontar o dedo em todas as direções buscando culpados, ou então apenas avaliando aquelas chatíssimas coisas que desconfiamos ser as soluções para nossos problemas. E como, naturalmente, eles não se resolvem com essas medidas ilusórias, passamos a vida entre queixas, frustrações e irritações. E sofrendo, é claro.

Quando o ser percebe que procurar culpados não resolve, sim, porque mais cedo ou mais tarde ele vai perceber, passa para a fase dois, ou seja, a procura de algo que resolva ou amenize seu problema e, por consequência, sua dor. Mas, que, de preferência, não dê muito trabalho.

A partir daí ele passa, sistematicamente, a se queixar não mais do problema o tempo todo, mas da solução aventada, porque todas, sem exceção, dão trabalho. Felicidade e facilidade não cabem numa mesma frase.

Muitas vezes, ele acha que já sofreu tanto, que o mundo lhe deve uma satisfação em forma de solução. Por mundo entenda-se as outras pessoas. Geralmente as mais próximas, que de forma alguma tiveram permissão para participar de suas escolhas anteriores. Aquelas escolhas que estão, agora, gerando consequências.

As óbvias soluções desprezadas

Por exemplo, se a questão é a necessidade de um emagrecimento, já que percebeu que os quilos a mais estão fazendo mal para sua saúde ou até para sua autoestima, vai atrás de informações para conseguir o objetivo, que é, evidentemente, perder peso.

Como não pode mais passar pelo ridículo de culpar os refrigerantes cheios de açúcar, o chocolate cheio de gorduras ou a mãe que faz comidas gostosas, passando pelas dívidas ou pela raiva do parceiro perdido, a responsabilidade passa a ser sua. Mas, qual a razão de observarmos uma quantidade tão pequena de pessoas que conseguem perder e manter o peso desejado ou necessário?

A resposta é simples: ninguém gosta de sair de sua zona de conforto. Muitas vezes, ou quem sabe, na maioria das vezes, para emagrecer é preciso muito mais que uma dieta. É preciso uma mudança de hábitos de vida. Todo mundo sabe que é necessário, no mínimo, abandonar a vida sedentária, prestar atenção no tipo de vida social mais adequada e fazer exames médicos. Além de, naturalmente, colocar em ordem a vida emocional, começando por desapegar-se daquilo que não serve para mais nada.

Zona de conforto

E o que é zona de conforto?

É aquela rotina com a qual estamos acostumados, onde não precisamos gastar nem neurônios, nem tempo com mudanças e, principalmente, não precisamos nos privar de nada. Então, gastamos a vida sem pensar muito, apenas colhendo os resultados negativos de nossa passividade. Aos quais, aliás, também estamos acostumados.

Não pesquisamos os melhores alimentos, não gastamos tempo com a preparação de refeições mais saudáveis, não saímos da frente da TV ou do computador para fazer uma caminhada ou, quem sabe, uma academia. Continuamos acima do peso e comendo as mesmas porcarias de sempre, mas com a habitual e falsa sensação de felicidade. Enquanto isso continuamos irritados e com nossa consciência pesada nos atormentando pelo tempo perdido.

Os tolos lucros da doce passividade

É a tal zona de conforto que mantém o político corrompido, acostumado que está com a delícia da bajulação e dos ganhos fáceis. É o que nos faz passar pelo cãozinho abandonado ou pelo mendigo na rua e dizer:

"Coitadinho". E deixar por isso mesmo.

É o que nos impede de ir visitar um amigo doente, já que teremos que deixar nosso lazer ou a tranquilidade de nosso lar por umas horas. Aí ligamos, dando uma desculpa qualquer por não ter ido visitá-lo ainda, e falamos a tradicional bobagem socialmente aceita:

"Então, se precisar de mim você liga, tá?"

Ora, o amigo doente nunca vai ligar, mas aliviamos nossa consciência e, quase inconscientemente, sorrimos satisfeitos frente ao dever cumprido com esperteza.

Difíceis mudanças interiores

Zona de conforto é o que, geralmente, impede nossas mudanças, pois abandonar velhos e conhecidos padrões de comportamento dá mesmo trabalho. Toda ação dá trabalho e requer vontade e energia. Seja simplesmente emagrecer, passar num concurso ou prestar solidariedade. Ou até coisas mais complicadas, como ter uma permanente atitude que colabore na modificação do pequeno universo ao nosso redor. Nada é fácil mesmo.

Então você deixa para emagrecer depois do ano novo, deixa para se engajar num serviço social no ano que vem, deixa para estudar em outro concurso, deixa para visitar o próximo amigo que ficar doente, deixa a decisão de parar de beber para depois do carnaval. Deixa também a ideia, caso já tenha percebido, de ser menos chato, agressivo, irritado, preguiçoso ou de querer tudo do seu jeito, para qualquer dia destes.

A nossa zona de conforto nos proporciona um mórbido prazer, pois é onde nos sentimos à vontade para continuar reclamando de tudo e achar que temos razão para isso. É como um vício. Um jogo onde vítima e algoz é o mesmo personagem: nós mesmos.

E a vida acabou

Resumindo, você deixa a felicidade para depois também. E passa a vida se queixando, sofrendo, procurando culpados e razões para continuar tudo na mesma. E, de quebra, achando todas as soluções vislumbradas muito difíceis de serem executadas.

Quando despertar, a vida já estará acabando e você continuará se sentindo tão infeliz e miserável como sempre. E a culpa será só sua.

O grande problema é que você não percebeu que no tique-taque do relógio, não era o tempo que estava passando. Era a sua vida.

Conclusões:

– Temos a tendência de reclamar de nosso sofrimento. Quando descobrimos possíveis soluções para combatê-lo, passamos a reclamar da própria solução, que não é mágica e não funciona sem esforço.

– Somos seres sedentários de corpo e alma. Queremos ser mais felizes, mas ao percebermos o trabalho que isso dá nos acomodamos, pois, de certa forma, reclamar é mais gratificante.

– Preferimos ficar escondidos dentro de nossas zonas de conforto, recebendo lucros irrisórios, a sermos mais felizes.

Observação: nos próximos textos começaremos a instrumentalizá-lo para promover essas mudanças em você mesmo e para uma melhor compreensão das diversas dores psicológicas.

22. Armadilhas da mente que dificultam nossa libertação

É preciso descobrir o que faz, ou não, sentido nesse mar revolto de pensamentos e emoções que assolam nossa consciência, o que inclui nossos muitos defeitos, verdadeiras usinas geradoras de dores intermináveis.

E acabamos sempre retornando às nossas expectativas

Voltando a pensar em quem somos, é fácil perceber que passamos a vida criando expectativas que alimentem nossas teses pessoais, isto é, as crenças que temos sobre a maneira como as pessoas ou o mundo deveriam se comportar conosco.

Já sabemos que elas são armadilhas inconscientes para que possamos expressar, com naturalidade quase pueril, o que achamos da vida e como ela também deveria ser vista pelo outros. São conclusões vindas de outros tempos, já surradas e geralmente sem sentido no presente.

Podemos achar que muitas pessoas, geralmente as mais próximas, são injustas e até malvadas conosco, já que não respondem aos nossos anseios como achamos que deveriam. Por consequência deduzimos que não passamos de infelizes vítimas, que é mesmo nosso antigo jeito de ver a vida. É ruim, mas, em compensação, isso nos permite exibir nossa irritação à vontade, além de reclamar e espernear o quanto quisermos.

Como se vê, expectativas dificilmente são atendidas, pois não avaliamos as condições que favorecem ou dificultam nossas aspirações. Apenas as vivenciamos e esperamos que o mundo, não só as adivinhe, como também concorde com elas. E providencie com presteza o que pleiteamos, é claro.

Por que caímos a todo momento nessas armadilhas?

Somos induzidos à essas armadilhas mentais através dos sentimentos que nos são mais corriqueiros. São aqueles gerados por nossos defeitos e que apenas perpetuam antigos padrões de entendimento. Como já foi muito falado, não somos seres despertos ou verdadeiramente conscientes. Não prestamos muita atenção no que sentimos de verdade.

Temos também dificuldade em perceber os sentimentos dos outros sobre as teses que levantamos, além de não qualificarmos nossa própria responsabilidade. Não refletimos, pois, naturalmente, as pessoas não estão neste mundo para atender nossas expectativas.

Tudo isso causa irritações ou mágoas permanentes da qual não conseguimos nos libertar, já que a alimentamos sem parar. Termina por se transformar num círculo vicioso de sofrimento.

É preciso viver acordado no momento presente

Pensando nessas coisas, qual seria então o primeiro passo para sua libertação rumo à sua felicidade? Vamos repetir, pois é muito simples.

Sugerimos, uma vez mais, que preste mais atenção às suas emoções, pois os falsos sentimentos trarão pensamentos enganosos que o tirarão do presente, que é, como já dissemos anteriormente, o único momento que você dispõe para construir sua felicidade. E quando isso não acontece, você começará a criar expectativas baseadas em verdades ilusórias, achando que as pessoas e o mundo deveriam ser deste ou daquele outro jeito.

Outra coisa ilusória que também nunca pode ser esquecida é a imagem que construímos sobre nós mesmos. Nos colocamos em um patamar de exagerada importância quando exigimos que as pessoas nos tratem com especial atenção ou deferência, nos poupando o trabalho de ter que pensar, refletir, explicar e, muitas vezes, até mesmo de ter fazer as coisas.

Sabemos que tudo isso se passa de forma mais ou menos inconsciente, pois somos distraídos. Todavia, já passou da hora de despertarmos, de deixarmos de lado as reclamações e de corrermos atrás da própria felicidade.

Se ninguém liga para o que você quer é porque você vive no passado

Quando perceber que ninguém liga para as expectativas que você criou, desconfie que seus desejos podem não ter sentido no dia de hoje. Podem, assim como seu comportamento exigente, estar baseados em suas próprias dificuldades em lidar com o mundo.

Como é fácil perceber, voltamos sempre ao ponto de onde saímos, isto é, na quase obrigação, digamos assim, de descobrirmos quem somos verdadeiramente. Caso contrário, só sofreremos.

Procuramos sedativos ou cura?

Outra coisa importante para nossa felicidade é decidirmos se nosso objetivo é aliviarmos nossas dores ou nos libertarmos delas. Não é difícil perceber que são coisas bem diferentes.

No processo simples de amenização da dor emocional

encontraremos mil e um modos, sistemas e promessas diferentes. Curadores de todos os tipos, meias verdades, medicações etc.

Mas, se o objetivo é a verdadeira libertação dos grilhões que escravizam nossa alma, somente nossa modificação poderá promover o primeiro passo rumo à felicidade real. E essa mudança começa por percebermos, identificarmos, o que precisa ser modificado, encarando de frente quem realmente somos. O que faz, ou não, sentido nesse mar revolto de pensamentos e emoções que assolam nossa consciência, o que inclui nossos muitos defeitos, verdadeiras usinas geradoras de dores intermináveis.

Se você não estiver desperto e acordado, jamais perceberá quem é e muito menos o que precisa modificar-se para ser mais feliz. A conclusão deste primeiro passo é a seguinte: o que você está disposto a fazer pela sua felicidade?

Conclusões:

– Passamos a vida criando expectativas que nos prendem ao passado e às meias verdades escondidas em nossa alma. Antigas crenças de como o mundo deveria nos tratar ou ser.

– Deixamos de viver o presente e passamos a reagir como faríamos em outros tempos, sem prestar atenção em nossas emoções e pensamentos.

– Não prestamos atenção em nada disso e, por consequência, não temos percepção real do que precisamos mudar, em nós mesmos, para sermos mais felizes.

– Também não adianta a gente ter, por exemplo, um pastor, um familiar, um amigo ou até mesmo um terapeuta dedicado gritando na nossa orelha as bobagens que fazemos, se nós mesmos não decidimos trocar nosso caminho no dia a dia. É como o sujeito que vai na igreja uma vez por semana porque a mulher exige. Apesar de aborrecido, reza uns minutos, mas logo se distrai com outras coisas. Mesmo assim acha que fez o suficiente. No resto da semana ele continua, fielmente, sendo do jeitinho que sempre foi: aquele ser antigo, sofrido, sonolento, carregando pelo mundo o fardo pesado de suas velharias. Se esquece que ser feliz é muito trabalhoso e passa longe de ser algo ligeiro, apenas mental. É preciso ação. Muita ação.

23. A doença do nosso século – A depressão

> Os mais irritadiços com os aborrecimentos do dia a dia tendem a formar o grupo mais propenso à depressão, pois tem um limiar de frustração muito baixo. Sofrem porque se recusam, inconscientemente, a viver num mundo que não está nem aí para seu modo pensar.

Continuando com a busca de caminhos para a verdadeira felicidade e depois de termos discutido sobre nossas personalidades, temperamentos, defeitos, condicionamentos, além das armadilhas de nossas mentes, vamos enumerar alguns problemas mais graves que nos afligem e tornam nosso dia a dia, muitas vezes, uma experiência miserável.

Em primeiro lugar discutiremos a depressão.

Que dor misteriosa é essa?

Afinal, por que algumas pessoas parecem imunes e outras tão propensas a sofrer desta doença invisível?

As razões estão nas suas origens, o que nos remete às diversas formas de lidar com a vida, aos diversos padrões de comportamento do ser humano. Cada um de nós tem um jeito peculiar de reagir às vicissitudes e contrariedades.

Aqueles mais irritadiços e inconformados com os aborrecimentos do dia a dia, tendem a formar o grupo mais propenso a se tornar depressivo, pois tem um limiar de frustração muito baixo.

Passam rapidamente pelos dois primeiros estágios do processo: da frustração para a irritação, que apesar de verdadeira é desnecessária, estacionando no estágio seguinte que é, justamente, uma tristeza substituta.

São pessoas com uma tendência alta de criar expectativas, as quais, naturalmente, nunca serão completamente atendidas pelo mundo. Ao se sentirem incompreendidas ou abandonadas, se inicia o processo lento e insidioso da depressão sem que percebam as fases iniciais. Só se dão conta quando chegam ao estágio final, o da tristeza. Sofrem porque se recusam, inconscientemente, a viver num mundo que não está nem aí para seu modo de pensar ou de querer as coisas.

Estão tão acostumadas com a irritação, que além dela lhes parecer legítima, passa quase desapercebida em seus cotidianos. Nem percebem mais que estão irritadas.

Porém, legítima ou não, ela é devastadora, pois abre as portas para o passo seguinte, que é a tristeza. Como ela substitui a irritação, os esforços para curar algo mal compreendido costumam ser inócuos. É quase como querer curar uma pneumonia tratando do estomago.

Tristezas verdadeiras X tristezas da alma

Existe uma grande confusão entre as dores do mundo e as dores da alma.

Pode-se observar dois tipos de tristezas:

– Uma que poderíamos chamar de verdadeira, vinda de fora de nós, das perdas sem solução como a morte, das doenças físicas graves, das famílias disfuncionais, das separações, das partidas, das tragédias ou de graves problemas sociais, por exemplo. Esta tristeza costuma a todos contagiar e ter curso rápido, pois a luta da vida continua.

– E uma outra chamada de tristeza da alma, oriunda de nós mesmos, de nossas dificuldades de lidar com os aborrecimentos da vida. A este tipo de tristeza dá-se o nome de depressão. Esta tristeza que nunca termina e que, com o tempo, irrita quem está em volta, já que ninguém a compreende, torna mais fácil sua identificação.

Depressão, o mal dos novos tempos

Por ser tão mal compreendida, a depressão se alastra como uma epidemia silenciosa no alvorecer deste novo século. Está se tornando tão comum que ao ser mencionada, dispensa outras explicações. Mas, ao mesmo tempo, o que causa estranheza, quase ninguém sabe do que se trata, pois a apartam da personalidade do indivíduo, creditando suas origens ao excesso de trabalho ou às disfunções bioquímicas, por exemplo.

Nestes tempos modernos, cada vez mais o homem é exigido em severas disputas, por tudo, fazendo-o viver quase que em um modo de sobrevivência, o que, naturalmente, gera mais e mais frustrações.

E como o mundo, de uma forma geral, só qualifica as tristezas chamadas de verdadeiras, o depressivo é lançado para um limbo solitário e doloroso.

E como então resolver essa dor chamada de depressão?

Alguns passos são necessários:

1° Perceber os estágios anteriores ao seu aparecimento, o que somente será possível com uma conscientização, isto é, quando o indivíduo se dispuser a prestar atenção em si mesmo e em sua história, o que lhe permitirá notar as irritações frequentes.

2° Admitir que os motivos não estão relacionados a nenhuma tragédia.

3° Observar, no dia a dia, como não gosta mesmo de ser contrariado.

4° Abandonar a posição de vítima, como seria de fato, caso a tristeza fosse verdadeira.

5° E, finalmente, estar disposto a abrir mão desse padrão de comportamento em prol de sua própria felicidade, isto é, aceitar que nem tudo pode ser do seu jeito.

Conclusões:

– Não se deve esperar que o mundo resolva nossa depressão, isto é, que a cura venha de fora para dentro. Os remédios apenas nos anestesiam para as coisas que não gostamos. Jamais nos curarão. Nos dão um alívio passageiro enquanto pensamos e tomamos decisões.

– Somente se identificarmos nossa irritação crônica e quem somos de fato, isto é, nosso jeito de lidar com os aborrecimentos da vida, poderemos despertar e abandonar os padrões que nos arrastam para esse mundo de dor, de incompreensão e de solidão.

24. Depressão – perguntas e respostas

Devemos sempre examinar as profundezas de nossa mente em busca das razões de nosso sofrer. Por mais que o mundo que nos rodeia não pareça bom, não faz diferença, pois não é mesmo dele que virão as respostas para nossa alma cansada.

1. Você se sente desamparado?

Já percebeu que existem ocasiões na vida que parecem dizer que o mundo se esqueceu de nós? A solidão de nossa alma se torna tão impalpável e descontrolada como o imenso mar na praia vazia que aportamos.

2. Sua tristeza queima no peito?

Já se sentiu impotente frente a sentimentos recorrentes que parecem conter toda a tristeza existente no universo? Aqueles momentos onde somos assaltados pela certeza que não existe saída para nossa dor. A certeza de que jamais encontraremos uma mão estendida.

3. Ouviu das pessoas que seu problema é frescura?

Já deixaram claro para você, especialmente entre seus entes queridos, que todos lamentam sua dor, mas estão cansados de suas lamúrias? E, para piorar, você não consegue se fazer entender? É quase como boiar num mar revolto de incompreensão onde as ondas não nos dão tréguas e nosso pequeno barco não tem forças para continuar a jornada.

4. Quantas vezes você anestesiou seu choro com remédios?

Já percebeu como calar a dor para o fundo da alma usando as poções mágicas oferecidas pelo sistema jamais foi eficiente? Ela sempre volta a brotar novamente, como uma erva daninha. Isto se dá porque adubamos o coração, de tempos em tempos, com o agrotóxico de nossas imperfeições.

5. Sente-se vitimizado pela indiferença alheia?

Já parou para refletir nas razões que levam as pessoas a não se sentirem contagiadas por sua tristeza? Se sim, deveria se alegrar, pois é um claro sinal que existem esperanças. Ao contrário do que poderíamos imaginar, se nossa dor é quase indiferente aos outros, significa que suas origens estão em nossa alma e não nos dramas ao nosso redor.

6. Quantas vezes já experimentou o descrédito das pessoas?

Já observou a dificuldade de fazer os outros compreenderem a sua dor? A tendência das pessoas é a de desqualificar aquilo que não compreendem, que não sentem como real ou palpável. Aquilo que não faz eco em seus espíritos.

7. Parou para pensar se você mesmo compreende sua dor?

Já se deteve em examinar as profundezas de sua mente em busca das razões de seu sofrer? Por mais que o mundo que nos rodeia não pareça bom, não faz diferença, pois não é mesmo dele que virão as respostas para nossa alma cansada.

8. Alguma vez percebeu a diferença entre as tristezas da vida?

Já notou como parecem existem dois tipos? Uma que poderia ser chamada de verdadeira, oriunda do exterior, das perdas irreparáveis, da morte, das doenças. E outra chamada da alma, oriunda de nós mesmos, de nossa dificuldade em lidar com as contrariedades que a vida apresenta a todos.

9. Percebe que ninguém compreende o segundo tipo de tristeza?

Já observou que esta tristeza, apesar de pungente, a ninguém contagia? É porque sua origem é quase invisível, perniciosa, destrutiva. Não lava a alma da maneira que o choro frente à uma morte o faz, pois ela é fruto de uma tendência secreta, quase imperceptível, de não aceitar a vida como ela é. A este tipo de tristeza damos o nome de depressão.

10. Tem observado como a depressão é o mal do século?

Já parou para pensar como vida no planeta está a cada dia mais difícil, exigindo de cada ser mais preparo, paciência e resignação com as novas dificuldades que nos rodeiam? Já foi o tempo que cada um fazia tudo como achava melhor e era feliz assim. Nesse mundo globalizado e midiático de redes sociais, quem não consegue se adaptar caminha para a tristeza do segundo tipo, a depressão, que como se vê, é precedida de profunda irritação com as dificuldades da vida.

11. Afinal, por que devo me alegrar ao saber disso?

Se aprendermos a separar os dramas pessoais e sociais, como abandonos, abusos de todos os tipos, perdas etc., das dores oriundas de nossa alma, aquelas que nos causam irritação e inconformismo com nossas preferências não atendidas, não mais precisaremos anestesiá-las. Vamos compreendê-las e aprender a separá-las, dando um justo valor a cada uma delas.

12. E o que fazer com essas tristezas?

Para as chamadas tristezas verdadeiras existem, por exemplo, as lutas sociais contra as epidemias, os cataclismos, contra a fome, a criminalidade etc. Mas, muitas vezes, elas ainda passam mais pela resignação e podem, quem sabe, proporcionar um aprendizado através da dor. Neste caso, teríamos que ter discussões quase filosóficas, que não entrariam neste contexto. Como é fácil perceber, a solução do fato em si, pode não depender apenas de nós, como também o dano pode ser irreparável. Não há, por exemplo, como reviver os mortos.

Para as tristezas da alma, as quais se convencionou chamar de depressão, basta o entendimento mais profundo das próprias tendências. São dois grupos de perguntas simples, mas que requerem respostas honestas:

1° De que jeito eu gosto ou costumo lidar com as coisas da vida? Gosto de tudo do meu jeito? Costumo me irritar quando não consigo o que quero?

2° Estou disposto a abrir mão desse meu jeito de ser? Gostaria mesmo de me modificar?

13. E o que é então a felicidade?

É estar consciente de quem somos de fato; é querer abrir mão dos próprios defeitos; aprender a se desapegar das coisas e dos jeitos que não servem para nada; é ter consciência que nossas dificuldades podem magoar os outros; é perceber, afinal, que o mundo não gira ao nosso redor e que ele não existe para atender nossas expectativas.

Não espere que o mundo resolva sua depressão por

você. Arregace as mangas, saia de sua zona de conforto e ame mais, a si mesmo e aos outros.

25. As fraquezas da alma – Os vícios

> Viciados costumam usar as drogas, incluindo sempre o álcool nessa lista, como um tipo de anestésico para se protegerem das dores do mundo, às quais não têm competência para enfrentar. Anestesiados, elas passam a lhes ser indiferentes.

Afinal, de quem é a culpa?

O tempo passa e muitos continuam bebendo ou usando outras drogas. Ainda há quem caia na armadilha de achar que viciados são infelizes vítimas da sociedade. Infelizes, sim. Vítimas, nem tanto.

Muito se falou e se falará sobre esse tema, mas, aparentemente, a responsabilidade continua caindo nas costas dos familiares e, em especial, dos pais. Aqueles terríveis pais de todos os tipos: ausentes, briguentos, chatos, indiferentes, alcoólatras e tudo o mais que se possa imaginar.

Pior fica quando aparecem pessoas querendo dividir os créditos do problema com os traficantes, aqueles desalmados que providenciam os suprimentos de maconha ou de crack, por exemplo.

E no caso do vício em bebidas alcoólicas? Afinal, são produtos livremente comercializados. Aqui os culpados seriam, talvez, os agricultores que cultivam os cereais, as gramíneas ou as frutas que são sua matéria prima? Os empresários que os destilam, quem sabe? Os comerciantes que os vendem?

De qualquer maneira dúzias de culpados serão sempre escalados, incluindo, naturalmente, as famigeradas más companhias e os ambientes marginalizados.

Esta é uma daquelas discussões sem fim.

Todos sabem que existem países onde, pelas mais variadas razões, ainda imperam leis do tipo da que aconteceu no início do século XX nos Estados Unidos, a famosa Lei Seca. E tanto como aconteceu naquela época, essa abordagem continua não sendo eficiente.

Parece existir uma atração irresistível de determinados indivíduos pelas drogas, lícitas ou não, mesmo quando vivem em regiões onde o usuário ainda é, severamente, criminalizado. Por que será?

Almas preguiçosas e egoístas

Mesmo que todos os fatores alinhavados acima como culpados pudessem, eventualmente, ser levados em conta, não se pode esquecer das características próprias e inatas de cada indivíduo que cai na dependência, isto é, sua personalidade, preguiçosa e egoísta.

Sim, porque nem todos os filhos de pais desajustados caem no vício, assim como nem todos os jovens de periferia socialmente conturbada o fazem.

Viciados costumam usar as drogas, incluindo sempre o álcool nessa lista, como um tipo de anestésico para se protegerem das dores do mundo, às quais não têm competência para enfrentar. Anestesiados, elas passam a lhes ser indiferentes.

O alcoólatra

É, por exemplo, o pai de família que toma uma, ou muitas, no *happy hour* depois do trabalho, para aguentar ou desqualificar a ladainha diária de uma esposa sobrecarregada com os problemas domésticos. Coisas como filhos desobedientes ou rebeldes, casa precisando de reparos, contas a pagar, parentes doentes necessitando atenção etc. Para ele, assumir ou ter que dividir esses problemas é chato e dá muito trabalho. Acha que ser o provedor é mais que suficiente. Os problemas familiares lhe interessam pouco ou nada.

Geralmente o indivíduo que precisa beber um gole todos os dias, não se importa que os aborrecimentos do cotidiano fiquem todos por conta de outra pessoa. E muito menos com o desgosto, preocupação ou irritação que causa aos familiares com suas atitudes evasivas, com as desculpas esfarrapadas ou quando chega em casa alcoolizado e até, por vezes, descontrolado. Acha que ninguém vai notar ou, simplesmente, não liga.

Resumindo: preguiçoso e egoísta.

O dependente químico

É o jovem que não tem coragem, e tampouco disposição, para lutar pelo que deseja, como um celular novo, uma namorada bonita, uma profissão legal, um diploma, um corpo mais saudável, um carro ou outro objetivo, entre muitas possibilidades.

Estudar com afinco, esperar o tempo certo e trabalhar duro para conquistar o que deseja são coisas que não fazem parte de seus planos de vida. Ele apenas quer tudo e quer agora mesmo. Como não consegue, costuma se vender para o traficante para sustentar o vício ou, se for de família mais abastada, vai tentar usar o dinheiro dela, exigindo mesadas mesmo quando já passou da idade para isso.

Não raro, em ambos os casos, chega a furtar em casa ou até mesmo na rua, se necessário, além de cometer outros pequenos delitos, para conseguir o que precisa. Geralmente é do tipo "nem-nem". Nem trabalha e nem estuda de fato.

Resumindo: preguiçoso e egoísta

Preguiça X egoísmo

Em todos os casos percebe-se, facilmente, uma confusão entre uma personalidade fraca, comodista, preguiçosa e outra extremamente egoísta, que só olha o próprio umbigo. Esta segunda personalidade não mede esforços para obter as substâncias que o auxiliam, não só a satisfazer seus desejos, como a esquecer suas próprias fraquezas, dificuldades e os impedimentos normais da vida.

É o tipo de indivíduo que tem muita dificuldade em viver de acordo com regras vigentes, tendo sido rotulado, muitas vezes, como um sociopata.

É incrível notar o estranho empenho quando precisa resolver suas urgências, como drogas ou dinheiro. Vai da sedução à agressividade. Todavia, nada disso lhe traz felicidade duradoura.

Dramáticas consequências

Em função de suas tendências, se esquece ou não toma consciência, que a somatória de outros fatores impede sua felicidade:

– Não tem empatia, e muito menos compaixão, pois não qualifica o sofrimento alheio. Nem o nota na maioria das vezes.

– Não se esforça para compreender e separar o certo do errado. Simplesmente não presta atenção.

– Não assume responsabilidades pelo que faz ou deixa de fazer. Sempre existirá um culpado.

– Não admite que tem um grave problema emocional, o que, muito frequentemente, impede que receba tratamentos adequados. Quando chega às clínicas de recuperação, só aceita tratar de seu físico e nada mais.

Na medida que a sociedade, aquela mesma onde ainda são colocados como vítimas por uns e outros, não aceita e tampouco concorda com esse tipo de vida, que inclusive pode levar à uma morte precoce, pois não há corpo saudável que suporte tais agressões de forma continuada, todos eles assumem o estilo revoltado.

Sempre bom lembrar que não existe o chamado maconheiro social, como está na moda pensar, já que o viciado estará sempre caminhando para drogas mais pesadas. Além disso, já é mais que provado que a maconha também pode levar à morte, mais cedo ou mais tarde.

Tudo isso para não falar que pode também terminar assassinado ou preso ao perambular nos cruéis submundos do tráfico, do crime ou dos bares, todos pontilhados de personalidades parecidas, isto é, também comodistas e egoístas.

Nesses lugares ninguém é amigo de ninguém de fato, pois cada um só pensa em si mesmo e não mexe um dedo por quem quer que seja.

Conclusões:

– Enquanto o mundo caminha para a frente e cada um corre atrás de seus objetivos, este ser adoecido passa a vida se enganando, sofrendo e fazendo os outros sofrerem. Sempre reclamando ou cobrando, numa posição de falsa vítima, ao mesmo tempo que vive de forma medíocre.

– A solução é despertar, admitir e questionar o próprio comportamento. Não esperar que o mundo aceite seu jeito de pensar e viver.

– Aprender a amar fará diminuir a dificuldade de enfrentar a vida, pois receberá mais atenção e apoio. Será também mais amado e, desta maneira, não mais precisará se anestesiar para poder conviver neste mundo cheio de desafios.

– Partes do mundo tendem a proteger os viciados como se fossem vítimas de suas sociedades. Mas estas, ao mesmo tempo que os protege, não os tolera, pois são destrutivos e ingratos. No meio desta confusão, terminam sendo desprezados.

– Indivíduos viciados são, em geral, portadores de personalidades fracas e preguiçosas. Não assumem responsabilidades e, ao mesmo tempo, são egoístas e insensíveis, sem compaixão com as dores alheias.

– A tendência é que tenham vidas insignificantes e apagadas. Que sofram e causem sofrimento à sociedade, mas, em especial, aos familiares.

26. Vícios – perguntas e respostas

Quando confrontadas, algumas pessoas têm o hábito de racionalizar seus comportamentos negativos, isto é, sempre acham um culpado para as coisas que os outros se queixam a seu respeito.

1. Você tem medo da vida?

Já reparou que algumas vezes na vida surgem situações que dão um calafrio na alma? Aquelas situações que aparentam ser corriqueiras para a maioria, mas que, para alguns, se mostram inquietantes e fazem pensar ser impossível viver de cara limpa.

2. Tem o hábito de beber ou fumar para relaxar?

Já parou para observar seu comportamento quando algo lhe traz desconforto social? Muitas vezes, mesmo não tendo consciência disso, nos anestesiamos, geralmente por antecipação, para as atribulações e cobranças que nos esperam.

3. Costuma ouvir queixas quanto à sua indiferença?

Já ouviu das pessoas que você parece não ter coração? A insensibilidade às dores alheias pode ser fruto das grossas camadas de proteção que colocamos para evitar sentir as nossas próprias dores, as quais negamos. A fuga sistemática da realidade que nos cerca nos transforma em seres apáticos.

4. Os problemas dos outros lhe interessam?

Já reclamaram que você não está nem aí para as dificuldades alheias? E, para piorar, o chamam de egoísta? A dificuldade de encarar nossos próprios problemas muitas vezes nos leva a fazer de conta que tudo está muito bem com todo mundo, inclusive conosco.

5. Costuma usar desculpas quando confrontado?

Já se deteve em algum momento para ouvir e analisar o que você mesmo fala? Criamos o hábito de racionalizar nossos comportamentos negativos, isto é, sempre achamos um culpado para as coisas que as pessoas se queixam a nosso respeito.

6. Reparou se tem dificuldade em seguir regras?

Já observou como sua tendência é querer criar suas próprias leis e normas em detrimento ao senso comum? Fazemos coisas que perturbam a vida de outras pessoas, como beber, fumar, usar drogas, ser inconvenientes, por exemplo, e nos surpreendemos quando admoestados: "Por quê? Não pode?"

7. Notou que apenas seus pares no vício não reclamam de você?

Já percebeu como se sente à vontade quando está fora de seu ambiente familiar, num bar, numa festa ou na companhia de pessoas parecidas com você? Isso ocorre porque quando temos os mesmos problemas não nos incomodamos com as bobagens alheias.

8. Não estaria na hora de aprender a amar mais e ser mais feliz?

Precisamos amar para ser amados. Para a libertação de qualquer vício, tendo em vista que eles nos afastam das pessoas que poderiam nos amar, num primeiro momento é preciso prestar atenção para perceber e, depois, aceitar e modificar três problemas diferentes:

1° Falta de compaixão: que é a grande dificuldade em ter empatia com as dores alheias e conseguir qualificar o sofrimento das outras pessoas, o que implica em ser taxado de egoísta. O indivíduo não se importa se a mãe chora por sua causa, por exemplo.

2° Senso de moral prejudicado: que é a dificuldade em perceber o que é certo e o que é errado, o que implica em ter comportamentos e hábitos que vão contra o bom senso ou os direitos de outras pessoas. Também não se importa em subtrair coisas alheias para satisfazer suas necessidades, por exemplo.

3° Tendência a justificar seu vício e suas atitudes: que é dificuldade em assumir responsabilidade pelos próprios problemas, tanto os que sofre como os que causa, o que implica em estar sempre numa posição de falsa vítima. A pessoa não se importa em culpar pessoas inocentes pelas bobagens que faz, por exemplo.

9. E o que é então a felicidade?

De novo, para ser feliz você precisa estar consciente de quem é verdadeiramente. Desta maneira conseguirá deixar seus defeitos de lado e se desapegar das coisas e das maneiras de viver que não servem para mais nada. Precisa também ter consciência que suas dificuldades podem machucar outras pessoas, isto é, entender que o mundo não gira em volta de si mesmo. Nem o mundo, e tampouco as pessoas, existem para atender suas expectativas.

Portanto, não espere que o mundo aceite o jeito que você vive. Saia de sua zona de conforto e lute contra suas tendências. Admita quem você é de fato e procure ajuda. Muitas instituições governamentais, civis, religiosas, além de outros tipos de auxílio, estão à sua disposição. Só assim você poderá fazer diminuir sua dificuldade de enfrentar a vida de cara limpa e, desta maneira, não mais precisará usar bebidas ou drogas para poder conviver neste mundo cheio de desafios.

Infelizmente, este é o tipo de problema do qual você, enquanto não se sentir pressionado, pela família ou pelas instituições da sociedade, como as forças da lei, por exemplo, dificilmente consegue sair sozinho. E não consegue porque acha que o problema não é seu. Simples assim.

Caia na real. Assuma suas dificuldades. Modifique-se. Não espere que a vida o encoste na parede para tomar uma atitude. A felicidade está ali mesmo.

27. Medos intransponíveis – A síndrome do pânico

Muitas pessoas ficam ofendidas quando se fala de temperamento, como se fosse uma acusação. Apesar de ser um tema estigmatizado, se esquecem que somos todos farinha do mesmo saco, isto é, todos trazemos nossos temperamentos arraigados em nossas almas.

Onde tudo começa

Deu-se o nome de síndrome do pânico a uma série de sintomas e sinais, semelhantes em muitas pessoas, simplesmente por absoluta ineficiência na observação de suas origens. Ela nada mais é que uma depressão disfarçada, pois as pessoas têm o mesmo tipo de personalidade, isto é, a tendência a querer que tudo seja do seu jeito.

Nesse modelo de entendimento voltamos sempre ao mesmo ponto, isto é, será que temos mesmo uma consciência clara de quem somos? Como nos comportamos frente às dificuldades da vida? Qual é o nosso temperamento, isto é, como lidamos com as frustrações do dia a dia?

Frustração X irritação

Tanto na depressão como na chamada síndrome do pânico nos frustramos em diferentes intensidades e tons, não apenas com as coisas da vida, mas também com as pessoas, que nem sempre atendem nossas expectativas ou se comportam como gostaríamos.

Gostamos sempre de relembrar que costumamos nos esquecer que nem o mundo e nem as pessoas estão aqui para atender as nossas expectativas, mesmo quando, ocasionalmente, estejamos cobertos de razão.

A partir daí nos irritamos, também em diferentes magnitudes e, com o tempo, com outros desfechos, isso vai se transformando, inconscientemente, num sofrimento mal compreendido e, aparentemente, sem causa.

Em decorrência disso tudo, uma vasta gama de problemas, como ansiedade ou depressão, sintomas psicossomáticos ou obsessivos, medos irracionais, entre muitas outras possibilidades, podem ocorrer e modelar a tal síndrome do pânico. Cada um se forma por um caminho específico, pessoal. Mas, todos com o mesmo ponto de partida, isto é, nossa prepotência, que nada mais é que essa nossa mania de querer que os outros pensem e se comportem pela nossa cabeça, mesmo desconfiando, obviamente, que isso jamais acontecerá.

Como já foi dito, muitas pessoas ficam ofendidas, digamos, quando se fala de temperamento, como se fosse uma acusação. Sabemos que é um tema difícil e estigmatizado. Todavia, se esquecem que somos todos farinha do mesmo saco, isto é, todos trazemos nossos temperamentos arraigados em nossas almas, sendo, portanto, apenas algo normal e corriqueiro no ser humano, a ser digerido e modificado à vontade de cada um. Não deveria nunca ser tomado como uma acusação.

De qualquer maneira, o tempo passa, as teorias psicológicas se multiplicam, mas a modificação do temperamento continua a ser o mais eficiente ponto de partida na solução de nossas dores emocionais.

Quem somos nós?

Somos indivíduos, na maioria das vezes, sem consciência de nossa situação, com histórias e propostas diferentes. Cada ser está tão ocupado cuidando de sua própria vida, com suas próprias dificuldades, que quase não sobra tempo para observar os desejos ou eventuais sofrimentos do outro. Quanto mais atender vontades e expectativas alheias.

Não que isto esteja, naturalmente, certo ou errado, mas você mesmo já parou para se perguntar se costuma fazer isso, mesmo que só de vez em quando? Deixa de lado, espontaneamente, seu jeito de ser ou de fazer as coisas para passar a fazer o que outro quer ou acha melhor? Podemos até negociar a questão, mas a melhor resposta é: claro que não. Então por que ficamos exigindo tal comportamento dos outros?

Vítimas ou intrometidos?

De qualquer maneira, como já vimos, o que se percebe é que na depressão, por exemplo, muitas vezes achamos que estamos tristes, quando, no fundo, existe uma impaciência ou até mesmo uma raiva subjacente pelas coisas não atendidas. É tudo muito sutil. Choramos. Muitos desistem.

Na síndrome do pânico, a partir da mesma frustração, que começa pelos mesmos motivos da depressão, os sintomas subsequentes, aqueles que levam ao pânico, acontecem apenas no indivíduo que tem uma capacidade inata de expandir sua consciência, digamos assim.

Esse modelo de entendimento é interessante, pois se trata, simplesmente, daquele indivíduo que consegue captar pensamentos ou sofrimentos de outras consciências disponíveis no universo, o que, aliás, é um fenômeno muito comum.

Todavia, não seria melhor dizer, se intrometer onde não foi chamado? Pois o faz, de forma inconsciente e desordenada, decodificando de forma desastrada o que foi captado do universo. Tudo acontecendo em função de sua habitual irritabilidade, cuja intensidade, em determinadas pessoas, pode proporcionar a perda do controle de si mesmo, do próprio eu, do aqui e do agora.

A partir daí pode existir uma movimentação, também inconsciente, explicada pela física quântica, de suas próprias energias, gerando sintomas dolorosos como falta de ar, aperto no peito, vômitos, tonturas, sensação de desmaio etc.

Esse sofrimento deflagra uma elaboração incontrolável de seus medos ocultos, de forma dramática, morrendo várias vezes a cada dia.

Além disso, nesse modelo quântico, onde tempo e espaço não existem, sua capacidade de expansão pode levá-lo a observar o próprio passado, onde podem ter acontecido momentos de intenso sofrimento sem ninguém para socorrê-lo.

De qualquer maneira, todo mecanismo frustração e suas dores subsequentes, vêm de dentro para fora.

Diferentes modelos de entendimento

Algumas religiões apresentam outros modelos de entendimento onde, por exemplo, o indivíduo é quase uma vítima acossada por seres desejosos de vingança. Ele estaria sendo influenciado por outras inteligências, que lhe passam intuições negativas e manipulam seu ectoplasma, causando os sintomas físicos e a impressão que vai morrer, entre outras coisas.

Seria então, neste caso, um médium desequilibrado. O bom nesse modelo espiritualista é que, em algumas religiões que o usam, a chamada reforma intima está contemplada, necessariamente.

Entretanto, neste modelo, a pessoa precisaria acreditar nisso para tentar sua recuperação, o que dificulta bastante a solução do problema. Técnicas de tratamento espiritual à distância até foram elaboradas, mas, no fim do túnel, não há como alguém promover mudanças na personalidade no lugar de outra pessoa.

O mais interessante é notar, todavia, que em ambos os modelos, quântico e espiritualista, o ponto de partida para o sofrimento é sempre a mesma frustração, a mesma irritabilidade. Esse entendimento, quando aceito, possibilita que exista uma cura definitiva da dor, em algum momento.

Outros cientistas acreditam que os sintomas são causados, principalmente, por um desequilíbrio bioquímico. Seria, mais ou menos, como afirmar que ao encontrarmos uma cobra no meio da sala, o medo fosse causado por uma descarga de adrenalina e não pela própria cobra, como parece óbvio. O desequilíbrio bioquímico foi uma consequência do medo e não a causa.

Durante décadas observou-se pessoas defendendo argumentos do tipo: o desequilíbrio desta ou daquela substância é a causa da depressão, do transtorno obsessivo, do pânico, da psicose e de outras tantas dores emocionais. Infelizmente, o tratamento mais ortodoxo segue apenas o paradigma inicial de acrescentar a substância que estaria desequilibrada no organismo do indivíduo, dando pouca ou nenhuma profundidade ao estudo da personalidade individual.

Ainda na linha organicista, existe o tradicional modelo da sedação da ansiedade com o uso de psicotrópicos, que durante décadas tem imperado nas clínicas psiquiátricas, como não podia deixar de ser, devido seu baixo custo e facilidade. Independente da medicação usada, observa-se que a aparente melhora passa sempre pela sedação do indivíduo, que, simplesmente, deixa de fazer conta do que lhe era anteriormente tão caro.

Isso tudo poderia até ser aceitável se, quando as medicações e outras substâncias fossem suprimidas, os sintomas não voltassem, como costuma acontecer, mais cedo ou mais tarde. Forma-se um ciclo.

Nestas duas últimas propostas, como se vê, não há como se falar em cura, pois nada depende do indivíduo, nada é de sua responsabilidade. A solução terá que vir de fora para dentro.

De qualquer maneira, em toda e qualquer proposta de entendimento de nossas dores emocionais, o convencimento precisa ser pela lógica, especialmente sobre as consequências óbvias que nosso modo de encarar a vida podem nos causar. Se faz necessária uma penosa revisão pessoal de nosso sistema de crenças, pois não há como alguém nos obrigar a qualquer modificação.

Conclusões:

– O caminho para a cura não é simples porque, além de existirem diferentes modelos de entendimento, a cura definitiva sempre implica em sair da zona de conforto. Implica em abandonar determinados padrões de comportamento, especialmente aqueles usados para nortear as reações do ser frente aos meandros da vida, desde o começo de sua jornada. Por alguma razão aprendemos a lidar com a vida desta ou daquela maneira e seguimos repetindo o mesmo modo de reagir. Não prestamos atenção.

– Abrir mão de algumas inutilidades que estão dentro de nós faz parte desse processo. No caso, teimar ou insistir que o mundo e as pessoas têm que se comportar de acordo com o nosso jeito de ver as coisas. É imprescindível que o indivíduo se desapegue de algumas posições arraigadas que desaguam em intensa e sistemática irritabilidade, onde tudo começa. Basta refletir com honestidade.

– Síndrome do pânico nada mais é que uma depressão

florida por alguns sintomas diferentes, embora as origens sejam as mesmas: ambas começam com nossa tendência de querer tudo do nosso jeito e a subsequente frustração que isso causa, já que ninguém está nem aí para o que a gente acha ou quer.

– Diferentes modelos de entendimento vão de propostas bioquímicas a obsessões espirituais, complicando ainda mais as coisas, posto que se limita o número de indivíduos que poderiam se beneficiar. Parece bem mais simples resolver o problema de dentro para fora. Cada indivíduo deve decidir qual modelo de entendimento de sua dor faz mais sentido para si mesmo. Não existe o certo ou o errado.

– Principais sintomas, como abrupto mal-estar físico e ideações quase delirantes sobre morte iminente sem qualquer ajuda possível, em especial, causam pavor intenso, de onde vem sua denominação, equivocada a nosso ver.

28. Síndrome do pânico – perguntas e respostas

Muitas vezes as pessoas desqualificam ou até mesmo se irritam com medos alheios que não entendem. Quando a emoção não está amparada por um fato, mesmo que sintam compaixão, é impossível às pessoas se contagiarem por essa dor.

1. Você já teve medo de morrer sem ninguém para lhe acudir mesmo estando com outras pessoas?

Já lhe aconteceu começar a passar mal num lugar onde estavam outras pessoas e, mesmo assim, ter a certeza que iria morrer sem assistência? São aqueles momentos que nossa alma se expande sem controle nos fazendo escapar da realidade que nos cerca, no aqui e no agora.

2. Você já teve a súbita impressão que seu coração está acelerado e que isso vai causar sua morte?

Já notou que, em certas ocasiões, você tem inexplicáveis sensações ou sintomas, que tanto podem ir de um simples aperto no peito até mesmo uma impressão de desmaio? E como você não está fisicamente doente, sempre existe alguém que começa a achar que você é maluco.

3. Alguma vez se sentiu apavorado, de repente, com medos incapacitantes e quase irracionais?

Já teve vontade de correr para dentro de casa ou de se trancar no quarto sem que ninguém conseguisse convencê-lo a agir diferente? Parece que existem circunstâncias onde medos de um passado longínquo, ou que não nos pertencem, se tornam tão presentes que passamos a vivê-los de forma desordenada.

4. Parou para pensar nos fatos que antecederam o começo dessas crises?

Já observou que além de ter dificuldade de lidar com as frustrações da vida, você costuma achar que está triste, quando, no fundo, existe uma impaciência ou até mesmo uma raiva subjacente? Isso acontece quando você é muito contrariado, coisa que não costuma tolerar.

5. Tem noção de como suas irritações se transformam em sintomas físicos ou em medos incontroláveis?

Já contabilizou quantas vezes você pulou daquela frustação repetitiva para uma sensação absurda que está morrendo? Pois você é apenas uma das muitas pessoas que expande a consciência de forma descontrolada pela irritação contínua, captando então pensamentos ou sentimentos ruins disponíveis no universo. Seus ou de outras consciências. A partir daí suas energias físicas se movimentam causando os sintomas dolorosos. E tudo recomeça, outra e outra vez.

6. Costuma se sentir frustrado quando as coisas não saem do seu jeito?

Já parou para refletir como seu sofrimento muitas vezes parece uma depressão? Isto significa que, assim como os depressivos, sua grande dificuldade na vida é entender que as pessoas não existem para atender suas expectativas.

7. Ouviu das pessoas que você é controlador?

Já deixaram claro para você, especialmente aqueles com quem você convive proximamente, que ninguém mais aguenta sua distribuição de ordens? Muitos indivíduos têm mesmo a tendência de querer tudo de seu jeito, só que o mundo costuma não estar nem aí para suas exigências.

8. Alguma vez notou que o tormento de sua alma é indiferente para muitas pessoas?

Já se sentiu abandonado quando as pessoas não entendem, desqualificam ou até mesmo se irritam com seus medos?

"Você não vai morrer! Para com isso!" _ Gritam do outro lado da porta que você não quer abrir. Quando a emoção não está amparada por um fato, mesmo que sintam compaixão, é impossível às pessoas se contagiarem com sua dor.

9. Reparou como você melhora quando toma calmantes?

Já percebeu como o mundo parece mais cor de rosa quando você está mais ou menos anestesiado por um sedativo? Isso se dá porque fazemos menos conta das coisas que normalmente nos irritariam. É como tomar uma bebida alcoólica ou uma droga. Ficamos insensíveis às contrariedades e isso nos dá a falsa sensação de melhora. Tão logo o efeito se vá voltaremos a ser nós mesmos. Hoje ou amanhã.

10. Como parar de sofrer e morrer todos os dias?

São três passos relativamente simples:

1° Abandonar o paradigma, muitas vezes inconsciente, onde todos devem pensar e se comportar pela sua cabeça, pois isso só causa irritação e descontrole.

2° Tornar-se presente e proprietário de sua alma, de sua consciência, impedindo sua expansão descontrolada pela raiva, pois isso só o fará vagar por um mar de confusão. Isto significa prestar mais atenção no que é razoável, no aqui e no agora, e o que não é.

3° Finalmente, perceber que o sofrimento é um movimento de dentro para fora e não o contrário. Analisar e admitir, com honestidade, o próprio temperamento.

11. O que é então a felicidade?

Novamente, é estar consciente de quem somos de fato; é querer abrir mão dos próprios defeitos; é aprender a se desapegar das coisas e dos jeitos que não servem para mais nada; é ter consciência que nossas dificuldades só serão compreendidas pelos outros se as causas forem reais; é perceber, afinal, que o mundo não gira ao nosso redor e que ele não existe para atender nossas expectativas.

Não espere que o mundo seja parceiro ou conivente com sua dor. Arregace as mangas, não se conforme com este estado de coisas. Tenha mais paciência com o mundo e ame mais a todos, começando por si mesmo.

29. A dor escondida de todos nós – As neuroses

Quando falamos de neurose hoje em dia, estamos nos referindo a um mal genérico, menos grave, que não traz muito sofrimento, mas que é de propriedade exclusiva de todos nós, que pensamos ser normais.

Nós, os "normóticos"

Muitos nos perguntam se é verdade que somos todos neuróticos e se surpreendem muitíssimo quando a resposta simples e direta é:

Sim! Dependendo do enfoque que se der à etiologia do problema, somos sim todos neuróticos.

As pessoas não aceitam porque desequilíbrios emocionais são coisas que acontecem apenas com os outros, não é mesmo? Chiliques, piripaques, nervosismos e ansiedades, entre outras coisas, são comportamentos que não dizem respeito a nós, os normóticos.

"Eu sou normal!" _ Pensam ou resmungam as pessoas, quando admoestadas sobre este ou aquele seu comportamento menos adequado.

"Maluco é você!" _ Ou quem sabe fulano, a sociedade, o chefe, a vizinha, o marido, a sogra etc.

Cegueira conveniente

É muito interessante observar como somos, na média, absolutamente cegos para nossas pequenas dificuldades, às vezes até mesmo para as grandes, mas, especialmente, para aquelas que não nos causam dores excessivas. Poderíamos chamar essas pequenas dificuldades também de pequenos defeitos, apesar da chiadeira em torno do assunto.

Mas, do que estamos falando, afinal? O que é neurose? E qual é esse pequeno defeito que seria sua causa e que nos deixa tão nervosos quando comentado ou sugerido?

Quando se usa o termo neurose de forma genérica, estamos nos referindo àqueles problemas não impeditivos para uma vida normal. Talvez não tão feliz, mas normal.

Antigas neuroses

Na escala das doenças emocionais, poderíamos citar, por exemplo, a antiga neurose obsessiva, cujo nome saiu de moda e virou o popular TOC ou transtorno obsessivo compulsivo. Problema grave, que deveria ser enquadrada na categoria das psicoses, já que sua evolução, muitas vezes, dificulta uma vida normal. É alienante, na medida que o indivíduo desenvolve uma série de extensos rituais compensatórios às suas intuições negativas, os chamados delírios, como passar horas no banho ou dando voltas em todos os postes do caminho para que tragédias não aconteçam. E daí por diante.

Novos paradigmas

Então, quando falamos de neurose hoje em dia, estamos nos referindo a um mal genérico, menos grave, que não nos faz sofrer tanto, mas que é propriedade exclusiva de todos nós, que pensamos ser normais. Quando confrontamos esse paradigma logo vem o primeiro chilique:

"Neurótico, eu? Claro que não."

Não somos doentes mesmo, mas somos invejosos. E aí vem o segundo chilique:

"Invejoso, eu? Que bobagem. Imagina."

Sim. Invejosos. E com a inveja construímos nossa quase neurose. Temos inveja daquilo que julgamos ser a felicidade alheia. Um carro novo, uma roupa de marca, a namorada atraente, a casa mais bonita, a simpatia de algumas pessoas, o talento do artista, um cabelo sedoso, o tênis da moda, um cargo melhor na empresa, as conquistas alheias, um filho inteligente ou talvez com o carisma que o nosso não tem, só para citar algumas das coisas que permeiam nosso dia a dia.

Coisas ou atributos que, muitas vezes, não possuímos e sequer compreendemos seu significado particular para cada pessoa, mas, de longe, nos parecem ser a chave da felicidade.

Fingimos alegria com a felicidade alheia

Estamos sempre de olho espichado e mais ou menos infelizes. Qualquer menção, durante o chá da tarde com as amigas, sobre o filho da vizinha, que ganhou uma medalha na olimpíada de matemática da escola, é suficiente para nos deixar melindrados. Consideramos até mesmo simples comentários como pequenas ofensas pessoais, já que nosso filho, da mesma classe, nada ganhou. Esquecemos, é claro, que somos indivíduos únicos e não podemos todos ser obrigados a adorar matemática.

Mas, de onde vem a ideia que condecorações escolares são essenciais para nossa felicidade? Provavelmente de um passado distante. Então, inconscientes, apenas nos irritamos, mas disfarçamos, pois sabemos que demonstrar nossa insatisfação não é bonito.

Depois de tudo, muitas vezes, ainda ficamos ressentidos com a sorte madrasta, com a banca examinadora que pode ter sido tendenciosa ou o com professor incompetente que pode não ter ensinado direito nosso filho. Ou quem sabe com aqueles que, ao nosso olhar, estão sempre se gabando das coisas. Isto é, nos magoamos com os pequenos reveses da vida dos quais poderíamos até tirar rico aprendizado.

Temos dificuldade em aceitar, sem restrições, as coisas boas que acontecem aos outros e, por consequência, apenas seguir em frente, felizes na maravilha da vida e do presente. Temos sempre, na ponta da língua, um falso discurso, criado por hábito e, geralmente, sem más intenções, no sentido de promover efeitos de reconhecimento social. Ficamos tão felizes com o sucesso alheio, não é mesmo?

Condicionamentos

As pessoas não percebem que é desta maneira que se constroem a moda e os modismos. Vamos nos enredando numa série de falsas necessidades e lapidando condicionamentos que nos aprisionam à valores desgastados de nosso próprio passado ou às vidas e interesses dos outros.

Às vezes, cuidadosamente, planejados para nos capturar, usando nossas fraquezas e este defeito universal que é a inveja, sentimento proibido, mas atávico no ser humano. Planejados para mostrar nossa incompetência frente ao que deveria, supostamente, ser a felicidade.

Saberemos que já nos libertamos quando não mais sofrermos, chorarmos ou sapatearmos frente às armadilhas criadas por nós mesmos ou pela sociedade competitiva e consumista na qual vivemos. Quando conseguirmos nos manter serenos frente a um planejamento que não inclui o modelo de vida dos outros, seremos verdadeiramente livres e mais felizes.

Conclusões:

– Neurose, nos dias de hoje, é aquele pequeno sofrimento, insidioso e repetitivo, criado por nossa inveja e geralmente inconsciente. Ele costuma ser disparado quando observamos coisas que achamos serem as chaves da felicidade alheia.

– Mesmo se alertados para essa característica, tão comum no ser humano, não a aceitamos, embora a reconheçamos nos outros a todo momento.

– Construímos lentamente nossos condicionamentos e nos rendemos às sugestões de nosso passado e da sociedade para outras tantas prisões emocionais.

30. Neuroses – perguntas e respostas

Ter inveja é, decididamente, uma coisa feia, diz a voz soberana da sociedade. É algo que ninguém pode admitir. E então, simplesmente, todos fingem que não têm e vão remoer escondidos seus ressentimentos.

1. Em algum momento na vida você já teve um chilique?

Já notou que em algumas situações peculiares do dia a dia as pessoas se desequilibram ou ficam zangazinhas? Fazem caras e bocas e ficam a ponto de quase terem pequenos ataques de nervos, mesmo que tentem disfarçar? Você admite que já passou por isso alguma vez, não é?

2. Percebe que quando os chiliques são seus tudo se justifica?

Se lembra como depois de ter tido o seu chilique, você, imediatamente, começou a arrumar desculpas para si mesmo? E caso tenha tido plateia esperta, que percebeu seu desconforto, também para ela, apontando como causas problemas fora de você?

3. Você sabe quais são os seus pequenos defeitos?

Já reparou como, na média, somos absolutamente cegos para nossas pequenas dificuldades? Até porque as grandes, geralmente, não temos como negar. São aquelas coisas miúdas que não nos causam muitas dores emocionais. Todo mundo percebe, menos nós mesmos. Ou fingimos que não percebemos, embora elas se repitam e comecem a atrapalhar nossa vida.

4. Tem noção dos por quês de sermos todos neuróticos?

Apesar da chiadeira geral quando se toca no assunto, você sabe qual é esse pequeno defeito que nos deixa tão incomodados quando comentado ou sugerido? É a inveja, meu caro amigo. É ela que nos torna, genericamente, neuróticos. Temos inveja daquilo que achamos ser a causa da felicidade alheia. Mas, como somos todos parecidos nesse quesito, em vez de neuróticos, podemos nos chamar de normóticos.

5. Alguma vez se deu conta de como a inveja influencia a sua vida?

Temos uma inveja, geralmente velada, das coisas que os outros conquistaram ou possuem, como um cargo melhor na empresa, um carro novo, uma namorada bonita, um filho mais simpático ou bonzinho, facilidade para tocar um instrumento e por aí vai. Muitas vezes nem conhecemos direito esses felizardos. Não sabemos de suas dores ou angústias, mas, ainda assim, o que eles têm nos parece o interruptor que liga a felicidade. Estaremos sempre insatisfeitos.

6. Percebe como a sociedade não admite seu problema mais corriqueiro?

Ter inveja é, decididamente, uma coisa feia, diz a voz soberana da sociedade. É algo que ninguém pode admitir. E então, simplesmente, todos fingem que não têm e cada um vai para seu canto escondido, remoer seu ressentimento com a sorte que não o favorece ou com o destino cruel. Quando não aguentamos mais temos nossos peripaques, transbordando a frustração acumulada com as pequenas e repetidas coisas da vida sem graça que levamos. Podemos também nos endividar para ter coisas que não precisamos ou ainda abandonar tudo para ir atrás da vida sonhada, que, no fundo, sabemos que não nos trará nenhuma felicidade.

7. Você sempre fica feliz com a felicidade alheia?

Se formos bem honestos diremos que ainda não. Nem sempre. Especialmente com os mais próximos, aqueles que nos servem de espelho. Mas, disfarçamos, pois isso também faz parte do protocolo do bem viver da sociedade. Estamos, muitas vezes, nos remoendo, mas temos, de cor e salteado, o discurso esperado por todos.

8. Notou que você está enredado numa teia de condicionamentos?

Na medida que estamos sempre de olho espichado para as coisas ou atributos alheios, somos facilmente manipulados pelos construtores de moda e dos modismos. Nos enredam numa série de falsas necessidades, manipulam nossos condicionamentos e nos aprisionam a seus interesses. Àqueles que nunca foram nossos de verdade.

9. Não seria hoje um bom momento para se libertar disso tudo?

E, novamente, saberemos que já nos libertamos quando não mais sofrermos, chorarmos ou sapatearmos frente às armadilhas criadas por nós mesmos ou pela sociedade consumista e competitiva na qual vivemos. Quando conseguirmos nos manter serenos frente a um planejamento que não inclua os modelos de vida ou as conquistas dos outros, seremos verdadeiramente livres e mais felizes.

Não fique aí esperando que a sociedade mude e lhe permita sair gritando, para todo mundo, que gostaria de ter um carro igualzinho de seu vizinho ou a namorada do seu primo. Isso não vai acontecer.

Mude você. Primeiro descubra por qual razão quer ou precisa de tal ou qual coisa. Aprenda a avaliar melhor suas reais necessidades e não se deixe levar por valores enganosos do passado e que não mais fazem sentido nos dias de hoje. E nem por coisas que estão fora de você, na cabeça dos outros ou nas propagandas de como você deveria ser ou o que precisaria possuir para ser mais feliz.

Perceba a maravilha da sua vida e do presente. Aprenda a não dar ouvidos para as bobagens que são despejadas na sua cabeça, especialmente pelas redes sociais, e siga feliz dentro do que você mesmo idealizou para viver.

31. Uma vida de dor – TOC

Toda uma vida pautada em cima de rituais e manias, muitas vezes levados na piada ou no deboche. O tempo todo o indivíduo exerce um sem número de atividades exaustivas que o aprisionam à sua própria mente adoecida, numa interminável busca de proteção.

Novos tempos X antigas dores emocionais

Originalmente conhecida como neurose obsessiva, a nova psiquiatria apelidou o Transtorno Obsessivo Compulsivo de TOC e é quase impossível que alguém jamais tenha ouvido falar disso.

Tudo correto não fosse a banalização da nova nomenclatura. Por qualquer pequena mania ou tique já dizem que a pessoa tem TOC. Infelizmente a maioria das pessoas não têm a menor noção do que se trata de verdade e da seriedade com que o assunto deveria ser abordado, já que, muitas vezes, é levado quase na brincadeira.

Vidas aprisionadas

Distúrbio emocional muito sério, que deveria ser sempre analisado com mais atenção, pois, na maioria das vezes, evolui rapidamente para pior, prejudicando em muito a autonomia, a produtividade e o bem-estar da pessoa. Costuma impedir a vida em sociedade, praticamente alijando o portador de seu convívio, pois toda sua atenção está voltada para o desenvolvimento, manutenção e execução de extensos rituais.

Vê-se obrigado a isso em função das ideias que comprometem seu juízo de realidade, os chamados delírios, que, em alguns modelos de entendimento espiritualistas, são chamados de intuições negativas. As ideias giram em torno de evitar, com os rituais, que tragédias não aconteçam por sua culpa com seus familiares ou amigos.

Não pode caminhar pela rua sem saltar sobre todos os riscos do chão ou, quem sabe, assobiar três vezes quando vê uma criança, por exemplo. É muito comum gastar horas e horas em banhos intermináveis, pois precisa seguir, rigorosamente, uma ordem pré-estabelecida das partes do corpo a serem lavadas. E a forma como isso será feito. Além disso, se esquecer de alguma etapa, precisará começar tudo de novo.

Não consegue controlar-se e daí vem o nome da doença, pois age sem sentido lógico e compulsivamente.

Toda uma vida pautada em cima de rituais e manias, muitas vezes levados na piada ou no deboche. Existe ainda, justamente pela não compreensão da situação, uma ausência quase total de compaixão dos circundantes com a pungente dor vivenciada pelo indivíduo. Chegam ao ponto de achar aquilo tudo muito engraçado.

O tempo todo ele exerce um sem número de atividades exaustivas que o aprisionam à sua própria mente adoecida, numa interminável busca de proteção.

Salvação e responsabilidade

Na maioria absoluta das vezes, o que aprisiona a pessoa numa roda constante e crescente de dor, pois tem consciência do que faz, é a necessidade delirante de salvar seus entes queridos. O tempo todo sua mente trabalha com a possibilidade de que, se não se render à complexa intuição envolvendo este ou aquele ritual, algo terrível acontecerá para alguém que ela ama. Desta maneira, a sobrevivência daquela pessoa passa a ser de sua responsabilidade.

Conforme o tempo vai passando, essas ideias, digamos assim, vão se fortalecendo, assim como suas certezas do desfecho dramático, o que traz a necessidade, movida pelo desespero, de tornar os rituais mais e mais complexos para fazer frente à tragédia iminente.

O entendimento do absurdo

Sabemos que é difícil a tentativa de compreensão desse tipo de comportamento, especialmente para aqueles que não conseguem ter empatia com as dores alheias.

"Como alguém pode se render à tais absurdos?" _ É a fala simplista e preguiçosa dos donos das pseudoverdades do mundo.

A capitulação incondicional do indivíduo se dá em função de seu próprio orgulho, pois nada mais humilhante que uma pessoa consciente ter que sair pela rua batendo três vezes nas portas de todos os carros estacionados, dar dois pulinhos quando vê alguém usando determinada cor ou ter que trocar de calçada todas as vezes que cruzar com uma criança, por exemplo.

É um problema intimamente relacionada a personalidades orgulhosas, que se acham melhores que os outros e que sempre esperam que todos concordem consigo, pois também gostam de mandar. Como se vê, prepotência e arrogância, filhas diletas do orgulho, algumas vezes, formam uma combinação dramática com consequências dolorosas.

Como o orgulho não encontra eco ou subserviência natural no mundo, nas personalidades mais fragilizadas uma crescente irritação pode conectá-lo ao passado, sempre disponível para ser revisitado, como já vimos através das explicações quânticas, despertando antigas ocorrências. No caso, culpas.

Ou então à outras consciências disponíveis no universo, dependendo do modelo que se acredite, num processo semelhante, embora muito mais grave, ao que acontece na síndrome do pânico.

Culpas que se transformam, de maneira inconsciente, na necessidade de salvar os outros. O indivíduo vai se tornando um ser delirante, num processo desesperado de solução que pode levá-lo quase que à perda total da sanidade. Como sempre restará um fio de consciência, mesmo nos casos mais incapacitantes, o orgulho será constantemente massacrado pela execução incontrolável dos rituais absurdos.

O salutar desapego

Como se vê, nada disso precisaria acontecer caso o indivíduo pudesse não só admitir, mas também abrir mão de seu orgulho e de seus defeitos. Em particular, de sua tendência a querer mandar em todo mundo ou, eventualmente, se achar melhor que os outros, já que esses comportamentos costumam andar de mãos dadas. Caso pudesse prestar mais atenção em seus próprios pensamentos e sentimentos, perceberia, com o treino diário, como o mundo não existe para atender suas expectativas.

Poderia então notar, lá de cima do altar em que se colocava antes de tudo começar, a fragilidade de sua alma, tão facilmente fragmentável a partir de suas próprias frustrações e raivas.

Mas, se isso não ocorre desde os primeiros momentos de aparente loucura, a ladeira vida abaixo tende a se tornar cada vez mais perigosa, com o indivíduo tornando-se refém de si mesmo.

Se suas pequenas manias não lhe causam nada do que foi descrito acima, comemore, pois você não tem TOC, não importa o que lhe digam.

Conclusões:

– Personalidades orgulhosas tendem a se enraivecer com mais facilidade quando contrariadas.

– A falta de atenção e cuidados com pensamentos e sentimentos podem levar ao despertar de antigas culpas, travestidas em novas e atualizadas roupagens.

– Se, além de orgulhoso o indivíduo tem, sem saber, capacidade de expansão de consciência e uma alma fragilizada, sua personalidade pode quase que se fragmentar na delirante tentativa de resgate de suas culpas através de absurdos, e humilhantes, rituais. A dor se encaminha para um moto contínuo, sem saída.

– De todo modo, ele precisa buscar ajuda e apoio, tanto de familiares como de amigos. Também não pode dispensar fontes terapêuticas, sejam religiosas, medicamentosas ou psicoterápicas. Não importa qual escolha fará, desde que acredite ou confie. Precisa escolher uma ou várias fontes de ajuda, pois, sozinho, dificilmente conseguirá impedir a queda total.

– Se você é parente ou amigo de uma pessoa que sofre desse mal e que não está mais conseguindo se autodeterminar para ir atrás do auxílio necessário, faça alguma coisa. Converse com ele e descubra suas preferências terapêuticas, religiosas, seja lá o que for. Não julgue. Selecione os locais onde ele poderá ser levado e parta para a ação. Não espere um minuto mais, pois amanhã poderá ser tarde demais. Na maioria das vezes, quando o caso já for muito grave, ele precisará ser internado, pois o desespero poderá levá-lo a tentar tirar a própria vida.

32. TOC – perguntas e respostas

É um transtorno que aprisiona a pessoa numa roda constante e crescente de dor, na medida que ela tem plena consciência do que faz, sem poder controlar-se. A vida comum na sociedade vai se tornando impossível.

1. Quantas vezes você já voltou para ver se a porta estava fechada?

Já reparou que todos nós temos pequenas manias? Manias como rabiscar um papel enquanto fala ao telefone ou dar sempre uma segunda ou terceira olhada para ver se a porta está bem fechada ou ainda se incomodar quando as pessoas tiram certas coisas do lugar, só para citar alguns exemplos. Virou moda dizer que isso é TOC, mas tudo isso é absolutamente normal.

2. Você sabe o que é de fato o transtorno obsessivo compulsivo?

É um grave problema psicológico que leva a pessoa a desenvolver extensos rituais para tentar resolver as ideias delirantes ou intuições negativas, que o perturbam. O tempo todo sua mente trabalha com a possibilidade de que algo terrível acontecerá para alguém que ama, caso não desenvolva e cumpra este ou aquele ritual. Rituais que a faz passar horas no banho ou lavando as mãos, por exemplo, pois os movimentos de lavar-se são rigorosamente controlados. Suas ações nunca têm um sentido lógico ou espontâneo, agindo sempre compulsivamente. São rituais que, se por um lado humilham o indivíduo, por outro aliviam a ansiedade e o medo.

3. Tem noção de onde se originam os pensamentos que provocam os rituais?

Mais cedo nesta vida, ou em outra vivência, caso se acredite nesse modelo, coisas ruins, mais ou menos graves, aconteceram mesmo por culpa da pessoa. Num primeiro momento, percebe-se que uma conexão mental desordenada com lembranças de seu próprio passado as desperta, trazendo-as para o presente de forma deturpada.

4. Alguma vez reparou pessoas fazendo coisas estranhas ou ridículas?

Já viu filmes, ou ouviu falar, sobre pessoas cheias de manias que precisam bater palmas três vezes quando veem carros vermelhos ou dar três voltinhas em todos os postes do caminho? Num segundo momento, vê-se que suas culpas são reforçadas através de outro tipo de conexão mental mal decodificada. Neste caso, com outras consciências disponíveis no universo

5. Você percebe a característica comum que envolve todos esses rituais?

É a humilhação, pois é um problema intimamente relacionado com personalidades orgulhosas que, além de gostarem que tudo seja do seu jeito, muitas vezes também se acham mais espertos que os outros, por exemplo. Como, naturalmente, ninguém respeita seus desejos, em personalidades mais fragilizadas, uma crescente irritação pode tirá-las do aqui e do agora, conectando-as tanto com culpas reais do passado, como com outras consciências no universo. Trazidas para as margens do consciente, essas possibilidades levam o indivíduo a uma busca incessante de solução e para uma iminente insanidade.

6. Mas, por que esse comportamento é tão mal compreendido?

Porque, de uma forma geral, não costumamos ter empatia com as dores alheias. O ser humano é egoísta e mal consegue observar o mundo além de seu próprio umbigo. E se não temos empatia, não desenvolvemos a compaixão. E, nesse caso, apenas percebemos o lado engraçado ou jocoso da situação tão incomum. Nossa forma de pensar costuma ser direta e acomodada, do tipo: "Mas que fulano esquisito". Não gastamos um minuto de nosso precioso tempo para tentar entender.

7. Por que esse mal é considerado tão grave?

Porque aprisiona a pessoa numa roda constante e crescente de dor, na medida que ela tem plena consciência do que faz, sem poder controlar-se. Nada mais humilhante para uma pessoa consciente do que ter que sair pela rua andando pelo meio fio, pulando os bueiros ou ter que dar três voltinhas quando cruza com uma mulher de salto alto. Ou, quem sabe, ter que puxar a própria orelha esquerda três vezes quando ouve ou lê a palavra "café", por exemplo. Como os delírios se acumulam, a vida comum na sociedade vai se tornando impossível.

8. Como se libertar dessa teia delirante e dolorosa?

Embora pareça difícil, a única solução seria o indivíduo, não só admitir, mas também abrir mão de seu orgulho, pois é ele que gera suas tendências de querer mandar em todo mundo ou de se achar melhor que os outros. Lembrar-se de quantas vezes já o chamaram de metido e perceber que o mundo não existe para atender suas expectativas e, acima de tudo, enxergar a fragilidade de sua alma, tão facilmente fragmentável a partir de suas próprias frustrações. Resumindo, aprender a lidar com suas próprias irritações e descobrir quem é de fato.

Entre todas as dores da alma, esta, realmente, é uma das piores e sua solução demanda uma enorme luta interna contra os próprios pensamentos e sentimentos. Contra o próprio inferno astral que criou para si mesmo.

Já que você está lendo estas palavras, você é uma pessoa lúcida. Se esta for a sua dor, aproveite e lute nos momentos de aparente insanidade. Peça ajuda a alguém que lhe ame e explique a ela o que se passa na sua mente. Permita que essa pessoa o chame de volta para o aqui e agora a cada momento, o que lhe dará forças. Permita também que essa pessoa o conduza para os tratamentos disponíveis, seja qual for o modelo que você acredite e confie.

Caso contrário, a vida correrá ladeira abaixo e você se tornará refém de si mesmo, aprisionado na busca de uma salvação desnecessária. Seja honesto consigo mesmo e modifique seu temperamento irritadiço desapegando-se de suas pseudoverdades sobre seus próprios dons, direitos e virtudes, pois não vale a pena sofrer tanto por isso. Essa será a chave que abrirá as portas da prisão onde você mesmo é o carcereiro.

33. Entre dois mundos – A esquizofrenia (texto para as famílias)

Do alto de nossa arrogância temos dificuldade em perceber nossa ignorância sobre as dores humanas, especialmente as emocionais, que poderíamos também chamar como dores de nossas almas.

O rotular sistemático

Somos geralmente ágeis em distribuir carimbos para as coisas que não compreendemos muito bem, que nos assustam, ou quem sabe, nos incomodam. Do alto de nossa arrogância temos dificuldade em perceber nossa ignorância sobre as dores humanas, especialmente as emocionais, que poderíamos também chamar das dores de nossas almas.

E, dentre elas, a psiquiatria tradicional computa entre as mais graves as chamadas psicoses. E a mais comum dentre elas o tempo determinou em nomear como esquizofrenia, em suas diversas apresentações.

Assustador e estigmatizante

Doença? Será?

Como em todas as dores emocionais graves percebemos que o adoecer, este rótulo, é apenas uma forma para os que estão do lado de fora tentarem organizar o inusitado, o diferente, aquilo que foge ao senso comum. E nada mais diferente que um conjunto de sintomas que torna a pessoa estranha e, aparentemente, vivendo num mundo distante, na maior parte das vezes.

Mas, quando se trata da alma humana, a psiquiatria tradicional, algumas vezes, tem levado uma surra, pois acostumou-se a classificar sem buscar ideias novas sobre as origens dos problemas. Ideias que, de fato, nem seriam tão novas. Acostumou-se também a medicar rapidamente sem buscar mais alternativas. Mesmo quando o chamado doente não representa ameaça para si ou para os outros.

O resultado costuma ser o que normalmente se vê por aí: pessoas dopadas, incapacitadas e tidas como loucas.

O ser esquizofrênico

Ao carregar vida afora o peso dessa denominação, o indivíduo acaba sendo tido como um coitado. Todavia, o observador atento percebe rapidamente que isso não corresponde à realidade.

Três coisas chamam a atenção:

1ª Na maioria das vezes, o contador da história é um parente, que apresenta sua versão pessoal dos acontecimentos, sendo o indivíduo, o louco, mais ou menos ignorado. Perde-se assim a oportunidade de saber de fatos que poderiam ser relevantes. Não há um respeito real pela pessoa, pois, muitas vezes, os próprios terapeutas se sentem incomodados em sua presença.

2ª A pouca garimpagem de um dado muito significativo, já que é recorrente na maioria dos indivíduos, isto é, a época de aparecimento dos primeiros sintomas. Geralmente antes do fim da adolescência. É interessante notar que esta condição precoce leva ao obscurecimento do temperamento original do indivíduo. Na maior parte das vezes tratava-se de uma pessoa difícil, prepotente e agressiva, que queria tudo do seu jeito. Mas, como virou uma coitada, isso foi esquecido ou jogado para baixo do tapete.

3° Pouco se pensa na possibilidade de um modelo de entendimento onde, o comportamento tido como estranho, é também alimentado por uma paranormalidade. Isto é, poder-se-ia dizer que a pessoa em questão teria uma capacidade, descontrolada em função de seu temperamento, de conectar-se com outras consciências disponíveis no universo, entre diversas coisas. Um modelo de entendimento que não deveria ser desconsiderado.

A antiga loucura institucionalizada

Antigamente amarrados em suas camas e hoje ainda, muitas vezes, aprisionados sob o peso de psicofármacos limitantes, jazem pelos cantos da vida, impotentes e invisíveis.

Muitas vezes eles estão delirantes e alucinando. Leia-se como alternativa: tomados por intuições negativas como os pacientes de TOC, já descritos, e por incursões paranormais, também compreendidas como expansões de consciência, de onde trazem impressões decodificadas como visuais e auditivas.

Caem nessa rede de distúrbios, a princípio, por conta de seu temperamento, repleto de frustrações e irritações e, depois, na continuação, em função de seus antigos medos, num círculo contínuo de dor.

Sem saber o que é ou não verdadeiro, sem informações ou alternativas e, principalmente, sem ser ouvido, o desespero se faz companheiro de todas as horas. A vida real já não existe mais, pois ele passa a estar por demais ocupado administrando seu mundo interior, cheio de assombrações assustadoras, medos de todos os tipos e percepções tidas como sensoriais aterrorizantes, como visões ou vozes.

Poderíamos dizer que, neste modelo que fala de paranormalidade, o indivíduo permanece quase que o tempo todo com sua consciência expandida, o que já foi explicado em outras situações. Se o indivíduo não possui outras informações, seu cérebro físico, naturalmente, decodifica os conteúdos recolhidos nessas expansões com os instrumentos e paradigmas do aqui e agora. Então, de forma confusa e atabalhoada, surgem histórias inverossímeis e perseguidores implacáveis.

É quase como se o indivíduo estivesse, a todo momento, despertando assustado de um pesadelo, exatamente como acontece conosco depois de um sonho ruim, quando levamos alguns instantes para entender que era apenas um sonho.

Na verdade, também estávamos expandidos, pois somente quando acordamos é que poderemos ter a impressão do conteúdo do que chamam, erroneamente, de sonho. O susto vem, exatamente, por conta da pobre interpretação que nosso cérebro físico faz do que captou do universo, isto é, apenas fragmentos obscuros do que podem ter sido simples acontecimentos de nosso passado ou de contatos com outras consciências. Nosso cérebro não é instrumentalizado, habitualmente, para trabalhar dessa maneira.

A diferença é que, como não vivemos sob o jugo de nossos medos antigos, aqueles que permitem as chamados intuições negativas ou ideias delirantes, nossa personalidade não está fragmentada, fazendo com que o episódio não tenha maiores consequências. Rimos aliviados e dizemos: "Ah! Foi só um sonho."

Outros modelos de entendimento trazem outras explicações, mas o que importa de fato, é ter-se ciência que o indivíduo não é um louco que deva ser deixado à margem da vida.

De volta à vida

Se você é o parente citado anteriormente, considere a possibilidade destas afirmações serem reais. Se puder despir-se de eventuais preconceitos e tiver uma genuína vontade de colaborar, verifique quais destas descrições combinam com o que você costuma observar no dia a dia.

Comece por ouvir, por dar crédito, mas, especialmente, tome para si o papel do professor paciente e vá ensinando a diferença entre o presente e o passado, de onde poderiam vir as ideias negativas, e também a diferença entre este mundo de três dimensões e aquele acessado pela tal paranormalidade, de onde poderiam estar vindo as chamadas alucinações. É um mundo no qual não podemos estar todo o tempo. Explique o que é sonhar.

Não diga a ele que essas coisas não existem ou que isso é loucura. Não desqualifique o que ele vê só porque você não vê. Somos indivíduos diferentes, sonhamos coisas diferentes, tivemos passados diferentes, temos diferentes capacidades de controle da expansão de nossas consciências e tudo o mais.

Também não o trate como um coitado. Apenas ensine as diferenças e, principalmente, faça-o prestar atenção nelas e no próprio temperamento, ensinando como a irritação e a raiva abrem as portas, de forma descontrolada, para todo esse o sofrimento.

Conclusões:

– O chamado esquizofrênico não é louco, mas tampouco um coitadinho.

– O que se considera loucura pode ser fruto de intuições negativas do passado: os chamados delírios. Além de uma possível atividade paranormal descontrolada: as chamadas alucinações.

– Achar que ele é um coitado pode ser um engano.

Como seus sintomas começaram muito cedo, apenas não deu tempo do indivíduo dar largas a seu real temperamento, geralmente agressivo e prepotente.

– A função do parente responsável seria mostrar as alternativas, assumindo um papel de orientador confiável. Compreende, ensina, não desqualifica, mas também não passa a mão na cabeça.

– Nunca suspenda o tratamento medicamentoso sem a orientação e aval de um profissional. Procure sempre alguém que não pactue com a impossibilidade da cura. Agregue, se possível, tratamentos que contemplem a possibilidade de controle dessas expansões de consciência, chamada, muitas vezes, de paranormalidade em outros modelos de entendimento. Num processo de cura, o ser tido como esquizofrênico dará mostras claras de sua melhora e do acerto dos caminhos escolhidos com sua socialização crescente.

– Não espere milagres rápidos, embora eles possam acontecer a partir do momento que a própria pessoa começa a tomar consciência de si mesma, de suas dificuldades, de seu descontrole e, principalmente, de seu temperamento. E esse despertar será o fruto do seu trabalho de amor.

– Nunca desista. Não abandone seu parente no pátio escuro de uma instituição por tempo indeterminado. A empatia e a compaixão sempre geram frutos admiráveis.

34. Esquizofrenia – perguntas e respostas (texto para as famílias)

Como a origem real do problema é pouco trabalhada e grande a angústia gerada em seus cuidadores, o indivíduo é mal compreendido pela família, que tende a isolá-lo. Com isso ele vai também se afastando, progressivamente, da vida tida como real.

1. Alguma vez você se sentiu fortemente incomodado perto de alguém?

Embora pouco comum, existem pessoas que nos transmitem uma sensação de estranheza. Nessas ocasiões, imediatamente, nosso senso comum nos coloca numa posição de juiz e, num piscar de olhos, rotulamos aquela pessoa como esquisita. Em seguida, mesmo quando não existe a menor possibilidade de risco, nos colocamos na defensiva.

2. Que tipo de dor emocional alheia nos causa tanto espanto?

Já notou como algumas pessoas parecem viver num mundo exclusivo, distanciadas da realidade que as cerca? Vivendo num mundo mágico, quase onírico, permeado por pensamentos e medos estranhos, entre outras coisas e percepções, que, a todo momento, acrescentam informações a esses delírios, seu comportamento se torna arredio e incompreensível à maioria.

3. Afinal, a loucura existe? Será?

Já reparou que quando a sensação que captamos de alguém nos incomoda preferimos desqualificar em vez de tentar compreender? Um antigo e cruel padrão de saúde imposto pela sociedade parece ter levado a maioria, inclusive muitos psiquiatras, a uma ridícula posição de dualidade do tipo: nós, os normais, versus eles, os loucos.

4. O que leva as pessoas serem tidas como loucas?

Temos medo das coisas que não compreendemos muito bem e então, assustados, corremos para nos diferenciar, distribuindo carimbos e rótulos. Do alto de nossa arrogância temos dificuldade em admitir nossa ignorância sobre as dores humanas. E então, as pessoas são tontas, esquisitas, estranhas ou, mais simplesmente, loucas.

5. O que leva alguém a este tipo de comportamento tão diferente?

Além da possibilidade, geralmente desqualificada pela maior parte da ciência em curso, do indivíduo ser um paranormal, isto é, ter uma capacidade de conectar-se com outras consciências disponíveis no universo, entre outras coisas, seu forte temperamento transformou essa simples aptidão numa coisa descontrolada. Isso impede que diferencie o que faz parte de nosso mundo material e do momento presente, daquilo que pertence à outras dimensões ou outros tempos. Vive, literalmente, entre dois mundos, desesperado, num ciclo contínuo de dor.

6. Por que esta condição é tão alienante?

Mal compreendido pela família, que normalmente o

isola, pois é grande a angústia gerada em seus cuidadores, e pelos facultativos, que o sedam, já que a origem real do problema é pouco trabalhada, o indivíduo se afasta progressivamente da vida tida como real. Ela não mais existe, pois ele passa a estar por demais ocupado administrando seu mundo interior, cheio de assombrações assustadoras, perseguições delirantes e percepções sensoriais, digamos assim, aterrorizantes.

Ninguém mais o escuta de fato, pois não se deve prestar atenção na loucura, reza o senso comum.

7. Como libertar o indivíduo dessa prisão?

Não adianta esperar que ele próprio corra trás das modificações que o trarão de volta à sociedade. Num primeiro momento isso é função do cuidador, que poderia, ao se despir de preconceitos, se tornar o professor paciente que mostra as diferenças. Diferenças entre o presente e o passado e entre o mundo material e os outros, acessados pela paranormalidade.

Além disso, deixar de dizer que tal coisa não existe apenas porque não a ouve ou vê, e parar de tratá-lo como um coitadinho, pois foram a prepotência e a raiva que abriram as portas desse sofrimento.

Com o tempo, dependerá do indivíduo treinar-se a prestar atenção na própria irritação, fechando as portas para essa confusão. Fechando as portas para essa fragmentação de sua personalidade, com cada parte vivendo num mundo diferente.

Não queira ou permita que seu ente querido seja sedado e largado no pátio de uma instituição indefinidamente. Se disponha a compreender melhor o que se passa com ele. Considere a possibilidade destas afirmações serem verdadeiras. E, principalmente, não desista dele. Apesar da angústia que isso tudo têm lhe causado, lute e aumente as chances dele aprender a centrar-se num só mundo.

Coragem. Você pode conseguir.

35. Felicidade – O jogo da vida

Apesar de prestamos pouca ou nenhuma atenção ao mundo que nos rodeia, o que somos hoje, o que passamos ou sentimos hoje, é fruto de uma longa trajetória, cuja responsabilidade, tanto do sofrimento como da paz interior, é só nossa.

Felicidade X vontade

Nos capítulos anteriores disponibilizamos maneiras de se conseguir visualizar melhor este tabuleiro confuso, cheio de peças soltas, que compõe o jogo de nosso mundo interior. Peças essas que já foram descritas nos primeiros capítulos e que fazem parte daquilo que algumas pessoas chamam do nevoeiro mental. Um lugar místico que nos aprisiona num labirinto sem saída. Um jogo onde sempre perdemos.

Porque, como em todo nevoeiro, nossa visão é, habitualmente, turva e limitada, o que nos faz andar inseguros e vacilantes, claudicando e tropeçando a cada passo. Numa palavra: sofrendo. Sofremos e causamos sofrimentos aos outros nesse estranho mundo emocional que criamos para nós mesmos.

Na verdade, aprender a identificar e colocar cada peça em seu devido lugar, dispensando aquelas que não servem para mais nada no aqui e agora, como o egoísmo ou o orgulho, por exemplo, substituindo-as por outras mais eficientes na estratégia para a felicidade verdadeira, como a compaixão ou a tolerância, não é tarefa impossível desde que haja vontade de modificação própria.

Felicidade X liberdade

Caminhamos nesta série de textos em busca da felicidade. Percorremos algumas trilhas tentando desvendar o extraordinário mistério de quem somos de fato, numa tentativa de arrancar a confortável venda que nos cobre a visão interior.

Mas, se buscamos a felicidade, por que razão falamos em libertação?

Por liberdade os dicionários dizem das características da pessoa que não se submete; a liberdade seria a aptidão particular do indivíduo de escolher de modo completamente autônomo, e de expressar os distintos aspectos da sua essência ou de sua natureza.

Como se pode ver, a tal liberdade pode conduzir-nos pelos mais diversos caminhos, pois nossas escolhas podem desaguar tanto na dor quanto na felicidade. E como almas, aparentemente, livres que somos, viemos através dos tempos decidindo as estradas que percorreríamos, inventando atalhos aqui e ali, na construção incessante de nossas personalidades. E, por engano, construindo cárceres privados para essa mesma alma.

Felicidade X responsabilidade

Então, o que somos hoje, o que passamos ou sentimos hoje, é fruto de uma longa trajetória, cuja responsabilidade, tanto do sofrimento como da paz interior, é só nossa. Se você acredita na sucessão de vidas, terá que considerar uma coleção de erros e acertos que edificaram seu nível de felicidade atual e, se não acredita, bastará olhar para suas atitudes, para seu temperamento, para as bobagens que fez, e talvez continue a fazer, nesta vida mesmo.

É natural do ser a busca por essa pretensa liberdade e, desde seu primeiro suspiro, ele procura as armas que usará para defender seu direito de agir como gosta. Pode ser o amor, mas também pode ser algum de seus muitos defeitos. Usará os recursos que lhe são inerentes. Aí, ou sofrerá e causará sofrimento, ou terá a paz tão almejada.

Mas, se a liberdade pode também conduzir-nos a aflições, por que a buscamos tanto e de forma tão atabalhoada?

Felicidade X verdade

Quem decifrou de forma brilhante o mistério da libertação foi Tolstoi, escritor russo, autor do famoso livro "Guerra e paz", que a definiu desta maneira:

"Não alcançamos a liberdade buscando a liberdade, mas sim, a verdade. A liberdade não é um fim, mas uma consequência."

Seja qual for o objetivo com o qual a palavra for proferida, ela será sempre consequência dessa busca pela verdade.

Em outras palavras: sofremos porque usamos conceitos equivocados de liberdade. Tem quem ache que liberdade é, simplesmente, cantar e dançar pelado na chuva, sem se importar com que os outros pensam, por exemplo. Qual será a utilidade, para o universo, da verdade que esta pessoa procura? Difícil imaginar.

No fundo, todos sabemos que ela é algo bem mais precioso, e mais trabalhoso, que uma simples atitude de aparente rebeldia ou de demonstração de eventuais problemas da própria personalidade.

Felicidade X honestidade

Deste modo, quando falamos de felicidade, aquela coisa mágica que tanto buscamos e que esperamos surgir quando nos libertarmos de nossas dores, de nosso passado, das manipulações e dos condicionamentos aos quais nos submetemos, percebemos que só a alcançaremos se descobrirmos quem somos de fato e o que se esconde por trás de nossa máscara social.

Apesar de parecer repetitivo, é preciso sempre ter-se em mente que só a alcançaremos quando pararmos de arranjar mil e uma desculpas para os problemas que permeiam nossa personalidade.

Coisas como, por exemplo, nossa tendência a olhar apenas para nosso umbigo ou nosso descaso com o sofrimento alheio. Quem sabe nossa falta absoluta de compaixão com as dores do mundo ou ainda nosso inabalável delírio de que somos melhores que os outros. Sem esquecer de nossa permanente irritação com as contrariedades e assim por diante.

Prestamos pouca ou nenhuma atenção ao mundo que nos rodeia. Quando conseguimos desviar essa tal atenção de nossos interesses por alguns instantes, será só mesmo para lamentarmos ou criticarmos a situação dos outros. Pouco ou nada fazemos, pois somos prisioneiros de nós mesmos. Não temos liberdade de sair por aí fazendo o que deveríamos.

Traduzindo todas essas coisas, tantas e tantas vezes citadas, somente seremos verdadeiramente felizes, quando conseguirmos sair do nevoeiro mental que deturpa nossa visão e nos protege de admitirmos quem somos de fato. E, por consequência, conseguirmos entender que precisamos ser mais brandos, humildes, compassivos, tolerantes etc.

E, finalmente, quando pudermos transformar esse entendimento numa ação efetiva, isto é, quando nos arrancarmos da zona de conforto na qual nos refugiamos e da qual, de longe, damos uma espiadela desinteressada no que acontece lá fora.

Felicidade X ação

Esperamos, placidamente, que a felicidade venha bater à nossa porta, sem que tenhamos de nos despir de nossas fantasias, sem que tenhamos que fazer nenhum sacrifício ou modificação.

Doce ilusão, pois liberdade é sinônimo de sabedoria, iniciativa e movimento. Não se trata de darmos largas às nossas pequenas ou grandes loucuras. E, além disso, para melhor ou para pior, a verdade sempre prevalecerá.

Se quisermos libertar nossa alma e quebrar os grilhões que nós mesmos colocamos em nome daquilo que achávamos ser a verdadeira liberdade, precisamos aprender a decifrar esse incrível mistério que é a nossa personalidade, nosso ego, nosso ser, ou seja lá o nome que se queira dar a esse conjunto de manias, hábitos, sentimentos e comportamentos que se traduzem por nossas ações no mundo.

E, no jogo da vida, a melhor estratégia passa sempre pela observação da forma com a qual lidamos com o universo que nos cerca. Só assim sairemos vencedores.

Nos próximos capítulos sugeriremos outras formas práticas de fazer isso.

Conclusões:

– No jogo da vida, nessa corrida confusa atrás do que se chama felicidade, vários aspectos precisam ser considerados. Quem quiser sair vencedor precisará:

1°. Ter vontade efetiva para promover as modificações necessárias. Desapegar-se de antigos padrões de comportamento.

2°. Perceber que a liberdade atual exercida e da qual faz-se tanta questão, geralmente, não passa de um engano construído ao longo do tempo.

3°. Admitir a responsabilidade no sofrimento e na dor. Admitir os próprios defeitos e condicionamentos.

4°. Entender que a verdadeira busca da vida deveria ser atrás da verdade, seja ela qual for.

5°. Desenvolver a honestidade para poder enxergar quem é realmente. Jogar fora a máscara da pseudo perfeição.

6°. Sair da zona de conforto, pois somente a ação trará a felicidade, já que ela não cai do céu.

36. Felicidade não cai do céu

Não há como conquistar felicidade sem vontade e ação, mas o resultado sempre dependerá da sabedoria que antecede esses dois itens. Daí, simplesmente, a toda causa corresponderá um efeito, concreto ou abstrato. São as escolhas de cada um.

O jogo da vida

Novamente perguntamos se você já parou para pensar no jogo da vida, aquele que reserva ao vencedor um prêmio conhecido como felicidade?

Em capítulo anterior falamos dele, deste mosaico de notas desafinadas que formam nosso mundo emocional e dos passos necessários para aprender a jogá-lo de forma mais eficiente, a saber: vontade, liberdade, responsabilidade, verdade, honestidade e ação.

– A vontade é representada pelo desejo verdadeiro de mudança interior.

– A liberdade é a nossa possibilidade de fazer escolhas.

– Por responsabilidade entendemos a administração adequada de nossos conflitos, sem o uso distraído e contínuo de nossos defeitos para isso.

– A verdade é constituída pelo próprio caminho em si,

fazendo do resto uma mera consequência.

– A honestidade, naturalmente, passa pela coragem de sabermos quem somos de fato.

– E a ação é a busca do caminho, saindo da fantasia que a felicidade virá de fora para dentro.

As três chaves da felicidade

Se pudermos dar um passo adiante e resumir a estratégia desse jogo que promove a magia da vida, deduzimos que são três as chaves da felicidade:

– Sabedoria (onde estão contidas a liberdade, a verdade, a responsabilidade e a honestidade)

– Vontade

– Atividade/ação

Não há como conquistar felicidade sem vontade e ação, mas o resultado sempre dependerá da sabedoria que as antecede. Daí, simplesmente a toda causa corresponderá um efeito, abstrato ou concreto. São as escolhas de cada um.

Ser feliz parece mesmo um encantamento mágico, que poucos compreendem e usufruem. As chaves, tanto da felicidade como da magia, parecem ser as mesmas.

A simples magia da felicidade

Se pensarmos nisso, poderíamos dizer que o que os cientistas de hoje chamam, por exemplo, de movimentos quânticos, nada mais são que as velhas magias, aquelas que lemos nos livros da antiguidade. Feitos grandiosos, como curas, por exemplo, eram tidos como coisas mágicas apenas por conta dos olhares espantados e da ignorância dos homens da época.

Magia nada mais é que o movimento produzido pela vontade do pensamento capaz de ocasionar uma modificação.

Ora, partindo do princípio que muitos dos conteúdos desgastantes de nosso mundo interior, aqueles que nos causam dores emocionais, como temperamento, defeitos ou personalidade, são consequências cognitivas, isto é, do pensamento, e não coisas meramente sentimentais, como a maioria pensa, estamos trabalhando todo o tempo com nosso mental.

Somos, basicamente, o que pensamos. E a modificação do indivíduo depende desse entendimento.

Sabedoria

Voltando à primeira chave para buscarmos a felicidade, que é a sabedoria, precisamos lembrar que é ela que determina a qualidade ou tipo de modificação que será efetuada. Isto é, não adianta termos conhecimento se não transformamos as informações em sabedoria.

Por exemplo, sabemos dos perigos de escalar uma montanha gelada, pois lemos livros a respeito e assistimos um sem número de documentários. Enchemo-nos de coragem e partimos para a aventura. Mas, se não contarmos com o apoio de quem já sabe escalar, boa estrutura e treinamento adequado, a chance de dar tudo errado é grande. Podemos morrer tentando a façanha. Isto é, informação sem sabedoria que a transforma numa meta lícita e adequada, de nada vale.

Vontade

Da mesma maneira, também nada adiantaria termos todos os itens necessários e ficarmos apenas fantasiando que um dia vamos escalar montanhas. Obviamente, não sairemos do lugar e ficaremos a vida toda nos remoendo dentro dos sonhos não realizados. A vontade imprime na energia mental o efeito que se deseja para que a atividade o realize em algum momento.

Atividade/ação

Por fim, mesmo que nos empanturremos de vontade, mas, acomodados e preguiçosos, nos contentemos apenas com os sonhos de felicidade, eles nunca sairão do papel, como se costuma dizer. A atividade se faz necessária para colocar essa energia em movimento.

Na magia falamos em árvore da vida, onde nossos desejos geram uma ação que seria seu fruto, para o bem ou para o mal. Sim, porque a magia, contrariando o que a maioria pensa, pode ser feita para o bem. Como, por exemplo, a mãe que reza pelo filho doente, mesmo que ele não esteja presente ou o amigo que, através de uma ação amorosa, disponibiliza tranquilidade para outro amigo necessitado, mesmo à distância.

Magias não caem do céu

Aqui, falamos no jogo da vida, mas não deixa de ser a mesma coisa. Nosso sofrimento é consequência do descompasso entre uma falsa sabedoria, uma vontade fraca e uma inércia preguiçosa, acomodada dentro da dor conhecida e que vem sendo administrada através do tempo.

Como se vê, nem mesmo os grandes magos podem ficar esperando a magia cair do céu. Muito menos nós quando pensamos em nosso bem-estar ou em nossa paz, pois, da mesma forma que a magia, a felicidade pode, não só ser construída, como também disponibilizada para os outros a partir de nossa própria modificação e sabedoria, quando então nos transformamos em agentes de modificação do universo.

Então? Qual é a sua disposição? Transformar-se ou passar a vida sofrendo?

Conclusões:

– Os passos para se aprender as estratégias do jogo da vida seriam: vontade, que é o desejo de mudança; liberdade, que são nossas escolhas; responsabilidade, que é a identificação de nossos defeitos; verdade, que é a descoberta do melhor caminho; honestidade, de saber quem somos e ação, que é a busca ativa e definitiva do objetivo.

– As três chaves para a felicidade seriam: sabedoria, que é adequar a informação; vontade, para superar os sonhos e fantasias e ação, para sair da inércia preguiçosa.

37. Hora de arregaçar as mangas e ir à luta

Ser feliz dá trabalho. Porém, menos trabalho do que passarmos a vida sentados em cima do passado ou sonhando com o futuro. Isso, para não falar da inutilidade de deixamos a felicidade escapar porque gastamos nossas energias para provar, minuto a minuto, que não somos responsáveis por ela.

Recordando

Quando pensamos em nós mesmos, é fácil perceber que passamos a vida criando expectativas que alimentem nossas teses pessoais, isto é, quase delirando com crenças sobre as maneiras como as pessoas ou o mundo deveriam reagir às nossas necessidades ou desejos.

É a já conhecida armadilha inconsciente para que possamos expressar livremente o que sentimos, para dar largas aos nossos defeitos sem termos que nos preocupar com os outros. Temos a enganosa ideia de que felicidade é algo que só acontece quando nossas vontades são saciadas.

Sentimentos X pensamentos

Embora pareça uma coisa incoerente frente a tudo que já discutimos, somos induzidos à essas armadilhas através de nossas emoções, que são como gatilhos. Em especial por aquelas que nos são mais habituais, amostras vivas de antigos padrões de comportamento, que vamos, simplesmente, repetindo.

Muitas vezes, quando as contrariedades da vida aparecem, as emoções se reproduzem de forma automática. A falta de atenção faz com que não identifiquemos o sentimento verdadeiro trazido pelo aborrecimento. Gostamos sempre de lembrar que dificilmente percebemos a irritação que antecede a tristeza de uma depressão. A confusão de sentimentos faz com que caiamos na armadilha dos desejos não atendidos e transformemos um simples aborrecimento, que poderia ser transitório, num grande e longo sofrimento.

Para o ser humano médio, nem sempre totalmente consciente, como a maioria de nós, é fácil perceber que no bojo de toda essa confusão existe a falta de clareza de pensamento, a quase ausência da reflexão racional.

Relembrando as razões do sofrer

Como também já foi dito, cada um de nós pode encontrar em seus hábitos ou em sua história de vida, essas razões. Todos vivemos de acordo com uma tese de vida, mais ou menos inconsciente, que deve ser defendida a todo custo.

Se nossa tese pessoal é, por exemplo, nos acharmos meros coitados e que tudo em nossas vida é uma porcaria, tornamo-nos vítimas isentas de responsabilidades sobre o próprio sofrimento. Sofremos, mas isso não deixa de ser muito confortável, pois nossas obrigações com a felicidade terminam. Esperamos que alguém venha provê-la, o que, cá entre nós, é bem difícil acontecer com a qualidade pretendida.

Ainda assim confortável, mas, enquanto não percebermos e, portanto, não lidarmos com a realidade, jamais experimentaremos à felicidade real. Ficaremos vivendo uma vidinha mais ou menos, também porcaria, exatamente como nossa tese de vida.

Atenção X reflexão

Sugerimos sempre que todos prestemos mais atenção às nossas emoções, pois os falsos sentimentos trarão pensamentos enganosos que nos tiram do presente, que é o único momento que dispomos para construir a felicidade. Ninguém vai construir, de fato, nossa felicidade por nós.

Além disso, sempre recomendamos a criação do hábito da reflexão. Refletirmos, por exemplo, sobre o quanto de sabedoria existe em nossos pensamentos, lembrando sempre se estamos observando os componentes da sabedoria:

– Se nossas escolhas nos aprisionam ou libertam.

– Se nossos defeitos estão controlados.

– Se já enxergamos as melhores verdades do caminho.

– Se já sabemos quem somos de fato.

Veremos, a seguir, alguns exemplos de perguntas que podemos fazer, a nós mesmos, para aprendermos a reconhecer o melhor caminho para a auto cura.

E não importa se o sofrimento é grande ou pequeno. Eventual ou costumeiro. O que não podemos é deixar qualquer dor passar em branco, por menor que seja, sem agirmos no seu controle. Precisamos criar o hábito da ação para que sejamos livres, os verdadeiros donos de nossas almas.

Questionamentos do tipo:

Estou sofrendo?

Qual a dor que estou sentindo?

Estou triste? Estou com raiva? Estou com medo? Estou com culpa?

Quais foram os acontecimentos que geraram esta emoção ruim?

Qual terá sido o meu defeito que contribuiu para esses acontecimentos?

O que eu estava pensando antes disso tudo?

Há quanto tempo estou assim?

Estes pensamentos ainda fazem sentido?

Me abandonar para este sentimento vai me ajudar ou só me fará sofrer ainda mais?

O que eu quero fazer?

O que é melhor para mim?

O que eu devo fazer se decidir cuidar de mim?

Qual pensamento pode me libertar dessa dor?

Estou levando os outros em consideração nesta minha libertação?

Aprender a perceber o próximo

Já repararam como somos o centro do universo?

"Ah! _ diriam alguns _ Se não for assim jamais seremos felizes e então não poderemos gerar felicidade para ninguém ao nosso redor."

É mesmo uma frase linda, porém, costuma ser usada de forma inadequada, especialmente quando queremos justificar nossa omissão ou as bobagens que fazemos.

Temos grande dificuldade em perceber que os outros também têm necessidades. É como se as pessoas que nos rodeiam fossem invisíveis e somente as notássemos quando algo que nos interessa está acontecendo. A situação caótica do planeta mostra com nitidez a falta de empatia e, por consequência, a falta de compaixão que assola esta humanidade. E pior fica quanto mais longe de nossas vistas as tragédias acontecem.

Talvez não devêssemos nos esquecer que a vida é um caminho de mão dupla, isto é, se você não se importar com os outros, ninguém se importará com você também.

Viver o presente

Embora alçada, repentinamente, a um inédito protagonismo nos últimos tempos, nada mais verdadeiro que o título deste tópico.

Muitos já estão percebendo que viver o agora, o presente, é a única oportunidade de interferirmos na própria vida, mudando o que precisa ser mudado em nós mesmos, aprendendo a viver com mais alegria e de forma mais contributiva com o universo. Até porque o futuro é só uma especulação, e o passado, obviamente, já passou.

O problema nessa estratégia é saber dosar, porque, muitas vezes, na ansiedade de viver cada minuto, numa busca desenfreada de felicidade, novamente podemos nos esquecer das demais pessoas e perpetuarmos nossa insensibilidade. Viveremos na base do eu sozinho e os outros que se danem. Viver o presente, de forma nenhuma significa ser irresponsável ou egoísta.

Ser feliz dá trabalho

Como é possível notar, ser feliz dá mesmo muito trabalho. Porém, menos trabalho do que passarmos a vida sentados em cima do passado ou sonhando com o futuro. Ou, quem sabe, simplesmente continuando indiferente às dores alheias, as mesmas que, no próximo minuto, podem também nos afligir.

Isso tudo, para não falar da inutilidade trabalhosa quando deixamos a felicidade escapar porque estamos gastando nossas energias para provar, minuto a minuto, que não somos responsáveis por ela.

Conclusões:

– Para ser feliz é preciso deixar de criar expectativas, isto é, ter consciência de que o mundo e as pessoas não reagem de acordo com o que imaginamos ou gostaríamos.

– Aprender a ficar mais atento às próprias emoções, isto é, sair do piloto automático e tornar-se um ser desperto e consciente frente as verdades de nosso mundo interior.

– Saber investigar as razões verdadeiras do sofrimento, isto é, abandonar o papel de vítima e a tese de que não somos responsáveis por ele.

– Desenvolver a necessária sabedoria, aprendendo

identificar todos seus componentes, para lidarmos melhor com nosso planejamento de vida visando a felicidade.

– Treinar a perceber o próximo, o que significa desenvolver empatia e compaixão, já que podemos ser os próximos da fila.

– Viver o presente, isto é, não ficar preso no passado e não querer controlar o futuro, pois só construímos e usufruímos da felicidade no aqui e no agora. Outros momentos são meras ilusões, posto que não existem.

38. Afinal, qual a mágica da vida?

Um dos maiores aprendizados que podemos ter é viver apenas no presente, sem esquecer, todavia, que os erros e desejos do passado não desapareceram como num passe de mágica. Essa responsabilidade permitirá que possamos nos desapegar ao ponto de, um dia, deixar ir o próprio querer.

Jogar fora o passado por que a moda é viver o hoje?

Muito se tem falado, em prosa e verso, sobre o dia de hoje, como se um novo ovo de Colombo tivesse sido descoberto. Em todas as mídias pululam artigos, textos, livros, vídeos e tudo mais que houver, sobre a necessidade de vivermos o presente. Como se todos tivessem se dado conta, num repente, da obviedade desse pensamento.

Menos mal, não fossem as decorrências enganosas que se tiram dessa afirmação, especialmente quando ditas à revelia do bom senso e da responsabilidade.

É como se o passado, que naturalmente não mais existe, tivesse, em sua partida, retirado de circulação todos nossos enganos e defeitos.

Continuamos a ser as mesmas pessoas

Esse pequeno detalhe continua, todavia, para assombrar nossos dias no presente, caso não assumamos as responsabilidades do que já fizemos com nossos erros, fraquezas e desejos.

Fácil seria embarcar no alegre bonde, inteligente é verdade, que o único momento que temos para sermos mais felizes é o dia de hoje. Porém, é também o único instante disponível para reconhecermos quem somos de fato e pararmos de nos enganar.

Outro dia encontrei a seguinte frase: "Acordar para quem você é requer desapego de quem você imagina ser". Nada mais verdadeiro.

Vendemos tantas ilusões que acabamos por acreditar em algumas delas.

Então, o que seria viver apenas o dia de hoje?

Viver o presente, em relação ao passado, significa não guardar mágoas e, em relação ao futuro significa não criar expectativas. Em relação ao passado significa deixar ir, desapegar-se. Em relação ao futuro significa aceitar o que o que for vir sem se preocupar, já que não temos como controlá-lo. Além disso, o que chamamos de agora, de instante presente, se formos rigorosos, é apenas uma rápida e permanente transição entre o passado e o futuro.

Então, para viver o dia de hoje em paz, aproveitando cada momento, desfrutando cada olhar, dividindo todo o amor, já que ele sobra no coração pacificado, se faz necessário, principalmente, aproveitar este exato segundo para a modificação interior, pois outro não há.

A modificação é um reconhecimento que, mesmo que o passado não mais exista, ele fez parte da nossa construção, que continua. Então, também se faz necessário, muitas vezes, um planejamento, que será avivado a cada novo instante. E é sempre bom não confundir planejamento com preocupação.

A difícil mágica da vida

Já que tudo estará plasmado no universo de forma perene, o ser não pode fazer de conta que ao raiar de um novo dia uma magia acontecerá, e da mesma forma que o passado, suas ações anteriores desaparecerão.

É um engano, posto que muitas de suas decorrências também continuam. Se faltou empatia ou compaixão, se sobrou insensatez ou desrespeito ao outro, se mergulhou em seus desejos sem observar o mundo ao redor, o ser pode agora, na paz do dia de hoje, reconstruir essa sua parte de forma consciente, para que a obra toda não se deteriore.

Não pode voltar ao passado e sequer pode determinar o futuro, mas pode ser mais humilde, mais honesto e até mais esperto ao admitir eventuais enganos. Pode olhar uma vez mais para si mesmo e, com alegria, perceber as coisas que já ficaram para trás e observar seu novo potencial de trabalho nesta pequena parte de vida que lhe foi confiada pela grande consciência universal.

Pode ser mais eficiente no cuidado de tudo que o cerca, pensando na possibilidade de sermos todos apenas um.

O que não pode mesmo é fazer de conta que é um santo e fingir que nunca se engana ou comete erros só porque tem algum conhecimento. Conhecimento sem sabedoria e a consequente ação, como já foi dito, é obra vazia. É um nada.

Conclusões:

– Não podemos modificar o passado e tampouco prever o futuro, mas o presente glorioso nos é apresentado como mais uma oportunidade. Oportunidade de deixarmos de lado nossos muitos defeitos, como essas coisas de querermos, por exemplo, ser os melhores, os mais bonitos, espertos, ricos ou até mesmo sermos o outro, quem sabe. Oportunidade de não pleitearmos aplausos por nossas conquistas, até porque rapidamente elas passam e ficam no dia de ontem. Oportunidade de desfrutarmos a beleza da vida, de dentro para fora.

– Ao final, parece que um dos maiores aprendizados que podemos ter ao viver apenas o presente, seria o de percebermos a diferença entre a necessidade e o querer, assim como nos desapegar ao ponto de deixar ir o próprio querer.

– Que nosso desejo seja apenas o de uma linda vida para todos os seres, incluindo eu e você.

39. Meias verdades

Será mesmo que esse mundo interior, que tanto nos cobram exteriorizar, do qual nossas emoções, atitudes e sistema de crenças são simples cópias mal-acabadas, é tão cheio de virtudes, sabedoria e verdade?

Voltando ao princípio

Antes de encerrar esta série de capítulos enumerando outras maneiras de colocar em prática tudo o que aqui foi falado, vamos voltar por um instante ao começo desta história. Muito tempo atrás publicamos um texto que resume bem a proposta de nos tornarmos mais conscientes de quem somos, única maneira real de sermos mais felizes.

A voz do coração ou de seus interesses?

Hoje em dia muitas pessoas estão convencidas que devem seguir o próprio coração, como se isso representasse uma legítima e inesperada liberdade de expressão. É quase como se fosse algo inteligente. Ultrapassar a mente e a razão para ouvir o eu interior está sendo considerado, nos últimos tempos, um tesouro de grande elevação.

"Seja você mesmo!" _ Grita o coração a toda hora, especialmente nas horas que estamos sendo contrariados ou instados a cumprir deveres e rumos impostos pela sociedade organizada ou, simplesmente, pelos outros. Imposições que vão desde os grandes eventos, que contemplam coisas como regras de trânsito, por exemplo, onde as consequências de nossos atos podem atingir a muitos, até chegar às pequenas contendas domésticas.

Somos condicionados pelos acontecimentos do passado

No fundo, o ser humano tem grande dificuldade em abrir mão de suas convicções e, principalmente, de seus condicionamentos. Desta maneira, seu comportamento costuma ser decorrente de um aprisionamento em meias verdades, próprias ou compartilhadas, mesmo que a esse cárcere privado ele chame de liberdade.

Não percebe que muitos pensamentos apenas aprisionam sua alma a tempos antigos. Aqueles mesmos que já lhe causaram tanto sofrimento, como por exemplo:

"Só os tolos não fazem estas coisas."

"Ninguém manda em mim."

"Vocês são todos uns ridículos."

"Como ousam achar que isto é o melhor?"

"Não me entendem mesmo."

E assim por diante.

Passa a reproduzir tais padrões ultrapassados, seus ou de outros, pois é atraído por eles em função de sua própria história e de sua realidade interior.

Somos manipulados pelos acontecimentos do presente

Nos dias atuais somos incitados, a todo momento, especialmente através de redes sociais, a assumir, inadvertidamente, determinadas posições que nos mostram como não deixar que ninguém tome as rédeas de nossa vida. O que o indivíduo não percebe, todavia, que ocultas no bojo dessas inúmeras e, aparentemente, admiráveis mensagens que respondem a seus anseios, estão outras tantas determinações subliminares que fingem engrandecer seu espírito e seu livre arbítrio.

O ser vai se tornando seu próprio carcereiro, apesar do aparente glamour com o qual é seduzido a achar que precisa dar ouvidos à sua alma, aquela coisa, tida como maravilhosa e esquecida, que clama por liberdade.

Esta mesma liberdade, no entanto, que estará irremediavelmente perdida a partir do momento que consuma, vorazmente, e sem passar pelo crivo da razão ou do bom senso, as manchetes das redes sociais. Neste caso, o ser acha que é livre para escolher, mas, na verdade, está apenas recebendo ordens, tipo:

– Faça isso!

– Goste daquilo!

– Odeie fulano!

– Pense tal coisa!

– Reclame daquela outra!

Somos irracionais e não sabemos quem somos de fato

Será mesmo que esse mundo interior, que tanto nos cobram exteriorizar, do qual nossas emoções, atitudes e sistema de crenças são simples cópias mal-acabadas, é tão cheio de virtudes, sabedoria e verdade?

Será que a tal voz do coração é isenta de nossos defeitos, interesses e de quem realmente somos? Ou será que, darmos ouvidos às nossas verdades secretas, tão exaltadas e engrandecidas pelas falas anônimas que nos cobram uma atitude, como se com elas pudéssemos contar quando tudo der errado, não é apenas uma maneira de fazermos valer nossos próprios desejos, de forma mais ou menos egoísta?

A verdade ou o coração?

É sempre interessante lidar com a verdade e refletir. Por via das dúvidas, é sempre bom saber primeiro quem somos antes de ouvir a tal voz do coração.

Você saberia enumerar seus defeitos? Porque se não sabe ou finge que não sabe, vai sofrer e se dar mal deixando que essa voz guie sua vida. Quando ouvir seu coração e encontrar somente o que lhe convém, desconfie.

Conclusões:

– Tem certeza que consegue ouvir seu coração sem influência de seus defeitos e interesses?

– Está também convicto que não está sendo influenciado a ser o que você já foi e talvez não precisasse mais ser?

– Quando ouvir seu coração e encontrar somente o que lhe convém, desconfie, porque isto só lhe trará sofrimento.

40. A eterna busca das soluções mágicas

Nas redes sociais, moradia permanente dos milagreiros de plantão, estamos sempre procuramos por soluções rápidas para nossos problemas. De preferência as que não deem muito trabalho. Coisas como se iluminar sem esforço, por exemplo.

As redes sociais

Voltando ao tema das redes sociais, pois não há como fugir ou negar ser esta a principal mídia da atualidade, se faz necessário discutir nossas andanças por elas. Sim, porque, nos dias de hoje, milhares de pessoas adoecem emocionalmente, fisgados pelo mundo de fantasia ali exibido.

Com mais de 3 bilhões de seres conectados nessa teia, que não apenas parece governar o mundo, mas ditar os costumes a serem seguidos, o cuidado precisa ser redobrado.

Todavia, distraídos e desatentos, navegamos por um mar de informações, colhendo aqui e ali punhados generosos de notícias, de plataformas políticas, esoterismos de todos os tipos, curas extraordinárias ou ainda métodos infalíveis para iluminação de nossas almas aflitas, entre milhares de outras propostas.

As redes nos aproximam ou nos afastam?

Diariamente partilhamos dos anseios de desconhecidos, nossos pretensos amigos, aquelas centenas ou até milhares de usuários, cuja quantidade exibida em nossa página social muito nos orgulha.

"Tenho 2.645 amigos. E você?" _ Gostamos de perguntar estufando o peito.

A pergunta, geralmente, é dirigida àquelas pessoas que são nossos amigos de carne e osso, aqueles que, ao menos, podemos olhar nos olhos, mas que, por vezes, nos parecem por demais pacatos, reservados ou indiferentes. Aqueles chatos que não entram, ou não caem, na onda das novidades sem refletir. Não fazem eco com o que não conhecem de fato. Não se importam em colecionar números fantasiosos.

Você tem mesmo 2.645 amigos?

Pois então meus parabéns! Você deve ser o único ser humano no planeta que tem intimidade com 2.645 pessoas, a ponto de achar que são suas amigas e estão, minimamente, interessadas em sua felicidade. Sim, pois não é para isso que servem os amigos de verdade?

Todo mundo tem algo a dizer

O grande problema é que todos têm algo a dizer, mas poucos selecionam o que postam nas redes sociais. O motivo é nossa velha conhecida: a tal voz do coração. Lembra-se?

Aquela que está tão na moda seguir, supostamente composta de sensibilidade e profundidade ímpares. Aquela que, infelizmente, retrata fielmente nosso mundo interior, com todas as nossas virtudes, mas também com todos nossos defeitos e condicionamentos.

Desta maneira, se por um lado nós temos a irresponsabilidade de muitos milagreiros de plantão, que conscientemente ou não, postam textos baseados em suas meias verdades pessoais, muitos dos quais não passam de falas inúteis e sem reflexão ou até mesmo manipuladoras, do outro lado temos os ávidos consumidores de milagres rápidos. De preferência os que não demandem grandes esforços.

E nos fartamos até enlouquecer com os faça isso, pense aquilo, pratique aquilo outro, aprenda tal coisa, reze esta oração poderosa, este é o caminho da iluminação, coma aquele alimento milagroso etc.

Em datas especiais, também devidamente manipuladas pela mídia ou pelo comércio, entre outras fontes, quando as pessoas estão ainda mais fragilizadas, multiplicam-se os milhares de conselhos nas redes sociais para a solução deste ou daquele problema. Muitos apenas oportunistas.

Acabamos por nos perder nesse turbilhão de caminhos oferecidos. Aí sofremos ainda mais. Ou ficamos calados para não fazer papel de quem não está entendendo nada ou partimos atrás de ler as outras tantas soluções disponíveis. Ou ainda nos deprimimos por não encontrar o resultado que procurávamos.

Soluções mágicas

No fundo, todos procuramos soluções onde não seja preciso fazer nada ou quase nada. Pequenos milagres, sejam eles revestidos de uma aura esotérica, científica ou religiosa. Não importa muito.

Procuramos soluções para coisas prosaicas, como, por exemplo, uma infalível forma de emagrecer. Não demora nada para sermos bombardeados com dietas da lua, dos pontos, das frutas, dos carboidratos, disto ou daquilo e terminamos não sabendo mais qual a melhor.

Buscamos também soluções para dores e dúvidas menos prosaicas, como aflições pessoais, filhos rebeldes, depressão, casamentos conturbados ou a busca de uma iluminação espiritual, por exemplo.

Afinal, de que precisamos?

As pessoas confundem informação com solução. Até porque não sabem do que realmente precisam, na medida que não identificam a origem real de suas dores ou necessidades.

Se o indivíduo se dispuser a descobrir de fato quem é, isto é, olhar para dentro de si mesmo sem o olhar míope de um orgulho que não pode ser ferido, deixaria de ver apenas suas virtudes e poderia quem sabe admitir seus defeitos e suas tendências menos lisonjeiras.

A partir daí saberia o que realmente necessita para ser mais feliz e descartaria os milagres passageiros. Estaria a apenas um passo para fazer escolhas corretas, passando pelo crivo da razão todas as promessas e informações que chegam às suas mãos. Deixaria de perder tempo, de criar falsas expectativas, de esperar a felicidade prometida que um dia vai chegar e passaria a viver o aqui e o agora de forma mais plena, consciente, resolvendo os próprios problemas com mais sabedoria, sem arranjar culpados e sem acreditar em soluções mágicas.

Conclusões:

– Preferimos fingir que acreditamos nas bobagens das redes sociais, como, por exemplo, nas centenas ou milhares de amizades virtuais que conquistamos.

– Não selecionamos as informações porque procuramos soluções que não deem trabalho, pois nem sempre estamos dispostos a nos modificar para resolver as coisas.

– Não passamos pelo crivo da razão as falsas promessas porque, na maior parte das vezes, não sabemos de fato quem somos e, como consequência, do que precisamos.

41. Afinal, o que fazemos aqui?

Parece que nosso objetivo não é a iluminação, sermos perfeitos, nos mudarmos para o Himalaia e vivermos como budas e sim, existirmos no hoje, acordados para nossas verdades, aquelas que traduzem quem somos: seres em constante mutação e com verdades relativas.

Você tem ideia do porquê vive aqui?

Já ouvimos uma centena de diferentes razões e explicações para o motivo da passagem do homem pelo planeta. Algumas científicas, outras esotéricas e outras ainda, a maioria inclusive, de cunho religioso. Todavia, nenhum discurso supera o que nos é particular. Com a vida, sejamos ou não religiosos, terminamos por determinar uma verdade sobre nossa trajetória.

Já que estamos neste mundo, compreendê-lo melhor poderá ajudar a construção dessa verdade e de nossa felicidade.

Mas, como determinar qual seria a melhor verdade quando nos propomos a escapar dos condicionamentos trazidos por nosso passado ou sugerido por terceiros?

Melhor verdade? Como assim? Verdade sobre determinado assunto não é ou não deveria ser única?

A resposta mais simples seria apenas... Não.

Verdade única e permanente não existe

Verdades nunca são completas, plenas ou eternas, pois somos seres em constante mutação, o que torna nossas verdades relativas ao momento. Ao aqui e agora.

Quando no conforto de nosso lar, quando a vida nos sorri, quando cercados de bons amigos, por exemplo, podemos ser extremamente fiéis e assíduos à determinada crença religiosa. Caso um baque verdadeiro nos assole, tirando-nos de nossa zona de conforto, podem surgir os impropérios e talvez a descrença do filho que se julga abandonado pela divindade. Isto é, nossa verdade se modifica.

Da mesma maneira quando o namorado, tido como maravilhoso, trai e abandona aquela que jurava amar. Ele deixa, obviamente, de ser tão maravilhoso. Ou ainda quando após um milhão de diferentes tentativas de iluminação, nada acontece. Métodos infalíveis foram usados e defendidos com paixão, um atrás do outro.

Somos donos de muitas verdades ligeiras, que vamos abandonando com a vida, com as frustrações ou com o crescimento.

Afinal, o que estou fazendo aqui?

Quando, num determinado momento da vida, o indivíduo começa a se questionar sobre o que o faz aqui de fato, sobre qual é a razão de sua existência, percebe que se tratando de verdades pessoais nem sempre elas aparecem facilmente. Costumam ficar escondidas, disfarçadas pelas nossas vontades, desejos, medos, apegos, teimosias e condicionamentos. Tomamos decisões em função dessas verdades momentâneas, algumas, inclusive, se refletindo em nosso comportamento, pois tentamos nos direcionar através delas. E, muitas vezes, sofremos sem saber a verdadeira razão de nossa dor.

O entendimento maior de nossa caminhada só surgirá

quando admitirmos que somos seres imperfeitos e conseguirmos perceber que as verdades que construímos não são aquelas que gostaríamos que fossem, isto é, perfeitas e inquestionáveis.

Porque, se sofremos de alguma maneira, a visão maravilhosa que temos de nós mesmos, já que somos um reflexo de nosso mundo interior, seria fantasiosa. Somos boas pessoas, mas deveríamos levar em consideração que podemos também ser egoístas ou invejosos, entre tantas outras coisas menos lisonjeiras.

Como descobrir essas verdades?

Precisaríamos ser mais humildes para encontrar nossas verdades mais profundas, aquelas que fazem parte do ser manifestado e não do divino e que, portanto, devem conter o bem e o mau que nos habita.

Se formos mais humildes saberemos com precisão, cada um a seu turno e à sua maneira, a razão de estarmos aqui, pois essa verdade, quando encontrada, é o único caminho para sermos felizes e encontrarmos soluções que nos permitam interferir no universo. Ninguém é capaz de tudo, mas ninguém é incapaz de contribuir com alguma coisa. A humilde verdade é o único caminho para a própria verdade.

A partir daí não importa a religião, a crença ou a falta delas. Importa apenas o que descobrimos dentro de nós. Então, somente quando descobrirmos nosso lado negativo, sim, nós o temos, poderemos nos modificar e reconstruir.

Pois é. Não somos santos, mas gostamos de fingir que somos.

Não corra atrás do impossível

E quando formos nos tornando verdadeiramente bons, repletos de compaixão e fraternidade, facilmente perceberemos que, como já foi dito, o homem nasceu para amar e servir e não para se iluminar. A ausência progressiva de irritação pode dar excelentes pistas de nosso progresso. Se isso não acontece, estaremos apenas nos enganando, e aos outros, com discursos bonitos e vazios. Outra e outra vez.

Parece que nosso objetivo não é mesmo a iluminação, sermos perfeitos ou nos mudarmos para o Himalaia e vivermos como budas e sim, existirmos no hoje, acordados para nossas verdades, aquelas que traduzem quem somos. E, principalmente, nunca nos acomodarmos, melhorando um pouco mais a cada dia, de forma criativa, isto é, contribuindo com todos os seres.

Este, com certeza, é um dos caminhos da felicidade.

Conclusões:

– O melhor, talvez, fosse sempre olhar o mundo sob a ótica de três coisas: humildade, verdade e amor.

– Trabalhando com a humildade precisaríamos admitir que temos defeitos e sentimentos negativos. Que seria mais inteligente olhar primeiro para nosso interior antes de culpar o mundo pelas nossas dores. E, depois, que só mesmo a ausência do orgulho poderia nos fazer pessoas reais e mais felizes.

– Trabalhando com a verdade, veríamos que ela é algo que sempre está em movimento. Inclusive as nossas verdades não são permanentes. Desta maneira, juntando verdade e humildade, poderíamos nos modificar. Até porque ninguém irá fazer isso por nós. Apenas nós mesmos somos capazes dessa ação.

– E, finalmente, veríamos que nossa modificação, usando esses instrumentos, nos faria perceber o amor. Ao sentir o amor descobriríamos a compaixão. E a compaixão, por sua vez, poderia nos trazer a verdadeira felicidade.

42. Encontre seu caminho – Não espere mais

> Ao buscar uma modificação, espiritualização ou evolução, como alguns gostam de dizer, cada ser tem uma maneira própria e preferencial de caminhar. Pode ser através do conhecimento, da ação, da adoração ou ainda da transcendência.

As indispensáveis e difíceis modificações

Depois desta jornada de tantas reflexões buscando compreender quem somos de fato, é possível que muitos ainda não tenham conseguido promover em si mesmos as modificações necessárias para poderem ser mais felizes.

Ao buscar uma modificação, espiritualização ou evolução, como alguns gostam de dizer, cada ser tem uma maneira própria e preferencial de caminhar. Pode ser através do conhecimento, da ação, da adoração ou ainda da transcendência. No entanto, se a pessoa se ater somente à sua preferência, isso pode não ser efetivo para que ela aconteça. Desta maneira, vamos enumerar alguns artifícios que, em conjunto com os entendimentos anteriores, podem facilitar essa empreitada.

1º A regra dos 30 segundos

Ela implica, basicamente, em prestar atenção nas próprias emoções e pensamentos. Somente assim o indivíduo poderá selecionar e dimensionar a intensidade com a qual será envolvido. Trinta segundos seria o tempo limite para essa percepção ocorrer, pois, caso contrário, sentimentos e pensamentos que não contribuem para sua felicidade tomarão conta daquele momento em particular.

São as raivas, por exemplo, que não se sustentariam caso o indivíduo refletisse por um instante a mais ou as ideias que ficariam sem sentido no aqui e agora se, nesse pequeno espaço de tempo, ele percebesse os óbvios condicionamentos ou coisas pré-concebidas de outros tempos.

Isso diz respeito a manter-se equilibrado, apesar dos estímulos negativos, externos ou internos, que fisgam emoções e pensamentos também negativos, isto é, não dar a eles o tempo necessário para se instalarem.

2º A tabela dos opostos

Trata-se de identificar e aprimorar nossas qualidades partindo do reconhecimento dos defeitos alheios, já que, muitas vezes, os nossos são similares. Isto é, no fundo somos todos parecidos, pois o que muda em cada indivíduo é apenas a intensidade com a qual os defeitos humanos se manifestam. E esta manifestação pode ir de alguma coisa quase imperceptível, a algo verdadeiramente escancarado. A questão é aprender a observá-lo nos outros, sem críticas, e refletir sobre a reação que o mesmo acontecimento provocaria em nós mesmos.

A partir daí, numa situação real, nosso pensamento poderá ser predominante e consciente, a ponto de poder impulsionar o sentimento mais adequado em direção à provocação que vem de fora. O qual deverá ser sempre o oposto do que foi observado nos outros nas mesmas condições.

Por exemplo, se observamos uma pessoa tendo uma crise emocional qualquer, mesmo que aparentemente justificável, o que de fato nunca é, com alguém ou até mesmo conosco, podemos equalizar a situação com nosso pensamento em vez de atuarmos passionalmente no mesmo diapasão. A partir daí poderemos disponibilizar ao agente o oposto. Isto é, se percebemos a ira, enviamos a brandura, se observamos a intolerância, enviamos a paciência, se o caso for de insensibilidade, sempre podemos enviar a compaixão, e daí por diante.

Isto vale para todas as situações do mundo que, costumeiramente, fisgariam em nós reações impensadas, como irritação, inveja, desdém, tristeza, indignação, agressividade etc.

As iscas para nossos descontroles, visíveis ou não, não precisam vir de agentes presentes ou palpáveis, pois também podem vir das mídias, das fofocas, de nossos condicionamentos, de expansões de consciência e tantas outras instâncias que habitam nosso imaginário.

Quantas vezes nos pegamos irritados, temerosos ou chateados sozinhos, apenas por permitir que nosso pensamento flutue livre e sem controle em nossas fantasias? Frequentemente gastamos nosso tempo pensando em coisas ruins do passado ou em outras tantas que achamos poder acontecer no futuro. Verdadeiros e inúteis delírios.

Estar desperto e poder fazer escolhas, assumir o controle de nossa mente, que por consequência assumirá o controle de nosso mundo emocional, nos permitirá, caso vire um hábito, manter-nos conscientes e atuantes, não só como agentes de modificação do universo, mas também de nós mesmos.

3º Expectativa X esperança

E, uma vez mais, não podemos esquecer de analisar a outra importante causa de nosso sofrimento: a confusão que fazemos entre expectativa e esperança, que muito já foi comentada. Você se lembra qual é a diferença que existe entre elas, cuja compreensão pode nos libertar de um sem número de dores que causamos a nós mesmos e aos outros?

Criar expectativas é uma forma, quase prepotente, de querer controlar o mundo. Especialmente quando envolvem outras pessoas e situações das quais não temos nenhum controle. Criamos expectativas, por exemplo, que receberemos um aumento ou que nosso filho vai passar no vestibular da escola pública ou, quem sabe, que nosso time ganhará o campeonato anual. Só esquecemos que quase nada fizemos para merecer o tal aumento, que nosso filho estuda pouco e que nosso time é muito fraco.

Como o mundo e as pessoas não respondem de acordo com os pensamentos que criamos, por vezes também quase delirantes, sofremos e, muitas vezes, causamos sofrimento, pois na expectativa colocamos apenas os nossos desejos, sejam eles justos ou não.

Falamos mal do chefe para todo mundo, aquele ditador que não enxerga nossas duvidosas qualidades. Difamamos a escola pública, sugerindo venda de vagas, mesmo não conhecendo ninguém que as tenham comprado. Xingamos o técnico incompetente de nosso time, mesmo ele só tendo jogadores muito ruins para trabalhar durante toda a temporada.

Já na esperança existe o altruísmo, o trabalho, a compaixão, entre outras coisas. O ser não deseja algo que o beneficie direta ou exclusivamente. Ele pode ter esperança de que o mundo será um lugar melhor para criar os filhos ou, quem sabe, ter esperança que as terríveis guerras no oriente médio terminem ou que não haja mais fome no mundo, e assim por diante.

Está consciente que aquilo pode ou não acontecer e, além disso, disponibiliza ao universo o que percebe ser necessário através de suas orações ou expansões de consciência, e, dentro de suas possibilidades, trabalha para aquele fim.

Pode, por exemplo, fazer doações para organizações insuspeitas tipo Médicos Sem Fronteiras ou Cruz Vermelha. Pode participar de grupos fraternos ou, quem sabe, até ser ativista de causas humanitárias justas. Sejam logo ali no seu bairro mesmo ou em outros países. Não faz diferença. Pode fazer qualquer coisa que acredite ser uma contribuição desinteressada de recompensas, colaborando desta maneira para que suas esperanças se concretizem um dia, mesmo que jamais venha a saber dos resultados.

4º As distrações do mundo

Quase sempre nos deixamos levar pelas distrações do mundo, tenham elas sido criadas por nós ou pelas circunstâncias da vida ao nosso redor. Não somos seres completamente acordados e, por conta disso, vivemos quase na inconsciência das dores de nosso planeta, assim como de suas maravilhas.

Enquanto não despertarmos e não passarmos a viver na potencialidade possível de nossas almas, estaremos impedidos de promover as ações efetivas para nossa felicidade. Seremos pouco mais que robôs repetindo frases desconexas, sorrindo ou chorando junto às multidões de outros seres inconscientes, deixando de viver o presente, que como já sabemos, é nosso único instante possível de evolução.

Conclusões:

– O conjunto de ações facilitadoras para nossa modificação, tornando mais rápida a conquista de nossa felicidade, passa por prestarmos mais atenção em nossos pensamentos e emoções.

– Passa também por aprendermos a observar no outro aquilo que precisamos modificar em nós mesmos e agirmos no sentido contrário.

– Passa ainda pela necessária compreensão que a expectativa nada mais é que o desejo ainda não atendido e a esperança, ao contrário, é um movimento altruísta da alma.

– Além disso, entre muitas outras coisas, é preciso despertar para uma vida real no mundo onde vive, na sociedade onde está inserido. Ficar sentado reclamando da vida, da sorte, das coisas que acontecem e dos outros, de nada adianta.

43. O momento atual do mundo em que vivemos

Tudo o que acontece no mundo, mais cedo ou mais tarde, direta ou indiretamente, vai refletir na sua vida e na sua felicidade, pois é aqui que você mora. Não se engane e preste mais atenção na vida à sua volta.

O que eu tenho a ver com isso?

Aparentemente nada e certamente tudo. Antes de descartar a ideia de refletir uns instantes sobre o que acontece no mundo e negar que isso tenha algo a ver com sua felicidade, lembre-se que é aqui que você mora. Dessa maneira, tudo que por aqui acontece, mais cedo ou mais tarde, direta ou indiretamente, vai refletir na sua vida. Não se engane.

Pseudoverdades alheias

Neste momento em que a humanidade se surpreende com uma era digital, a velocidade e facilidade da comunicação fez multiplicar sobre nossas mentes uma quantidade absurda de informações, as quais consumimos sem grande critério. Na medida que quase nos afogamos nas novidades oriundas dos quatro cantos do planeta, nos deparamos com muitas, supostamente, vindas de instâncias superiores.

A falta de filtros confiáveis coloca os incautos, e muitas

vezes, ávidos usuários dessas redes, sobre a influência de todo tipo de conselhos e soluções mágicas para seus problemas, sob a égide do sagrado, do ancestral ou até mesmo do divino. O problema é adoecer ainda mais no meio desse amontoado de pseudoverdades.

Afinal, o que é mais importante: o conteúdo ou a origem de uma mensagem?

Afinal, quem disse o que?

Tomando apenas como exemplo o modelo que se costumou chamar de canalização, entre muitas outras formas de apresentação de mensagens, propostas ou caminhos, seriam todas, realmente, de origem suprafísica? Como saber?

Ora, se alguém desejasse influenciar pessoas e não tivesse credibilidade pública, poderia optar pela estratégia, inocentemente ou não, com boas intenções ou não, do "acredite no superior". Utilizaria, por exemplo, da manipulação da fé. O ser humano tem necessidade de ter fé em algo e se esse algo for anunciado como sendo de um plano superior, o conforto prometido parecerá ainda maior.

É preciso lembrar que podemos realmente nos conectar à consciência universal através de uma possível expansão, mas somos nós os agentes, isto é, somos nós que processamos, através de nosso cérebro físico, o material colhido.

Porém, também lembrando que a única linguagem universal possível de transitar livremente fora do plano físico, digamos assim, é a emoção, somos nós que a decodificamos em palavras, de acordo com nosso conhecimento, vontade e desejos. E baseado nesse quem somos ou achamos que somos, depende o que colhemos e o que divulgamos.

Palestras ou palestrantes

Resumindo, é preciso cuidado com o que se consome sobre esses assuntos, em especial pelas mídias sociais, sobretudo quando se trata de visões filosóficas inquestionáveis, conselhos em geral e todo tipo de coisa, supostamente, vindos de mentes ou planos superiores e que prometem prover a solução certeira de nossas dores.

Seres realmente iluminados, encarnados ou não, não fazem promessas, não desvendam o futuro, não oferecem curas mágicas ou milagres e ainda não pedem que se acredite em nada. Apenas passam conhecimento e sugerem reflexão. A decisão e a ação serão sempre nossas.

"Cura-te a ti mesmo"

Embora um conhecido mestre tenha falado essas palavras, somos distraídos quando o assunto demanda trabalho e deve nos favorecer de alguma maneira.

Possivelmente muita gente já lhe falou sobre o cuidado que temos que ter ao fazer a necessária triagem de assuntos que podem abalar nossas almas. Em função, principalmente, de nossos condicionamentos, somos muito sugestionáveis e costumamos nos deixar fisgar por todo tipo de isca que nos é oferecida quando a questão passa pela administração de nossas dores emocionais.

Sugerimos que cada indivíduo faça suas escolhas pelas palavras e não pela suposta origem delas. É preciso estar sempre atento para não criar outros condicionamentos.

Conclusões:

– Tudo o que acontece no mundo, cedo ou tarde, vai influenciar também a nossa vida.

– Somos bombardeados, diuturnamente, pelas mensagens das redes sociais, inclusive as supostamente de origem divina.

– Infelizmente existe muita manipulação da fé, pois o homem é facilmente sugestionável e não faz uma triagem desse material.

– Deveríamos nos preocupar mais com o conteúdo das mensagens e não com suas origens, lembrando que seres iluminados não podem fazer, por nós, as modificações de nossas almas.

44. Quem pode lhe ajudar?

Deuses, guias, santos, anjos ou outros avatares, não estão aqui para agir. Você sim. Eles estão aqui para ensinar e mostrar os caminhos, se você tiver paciência para escutar e adquirir sabedoria, além de forças para colocar mãos à obra. Faça o milagre acontecer.

Ignorantes, acomodados ou incapazes?

Nos momentos de maior dificuldade da vida, os que mais nos ajudam, provavelmente, são aqueles que trazem conhecimento, auxiliando, dessa maneira, que realizemos a ação necessária naquele instante, e depois, se as mesmas situações se repetirem.

Infelizmente, não lançamos mão desse recurso com frequência. Nas aflições costumamos preferir que façam por nós. Será que somos acomodados? Talvez ignorantes de nossas possibilidades ou, quem sabe, incapazes mesmo. Será?

Se você não se acha nem acomodado e nem ignorante, por qual razão não cessa de pedir aos santos, anjos, guias, divindades de uma forma geral, enfim, aos céus, a solução de seus problemas e aflições? Antes de ficar zangado, perceba que estas afirmações não são a negação das coisas que você acredita através de sua fé.

Em muitas oportunidades provocamos as pessoas perguntando: "Escute, você vai ou não ajudar seu guia ou seu santo de devoção no milagre que você necessita?"

Muitas vezes até temos o conhecimento do que fazer, mas permanecemos imobilizados e sem ação. Assumimos uma posição passiva e acomodada. Outras vezes nem procuramos saber o que poderíamos fazer e aí nos colocamos numa posição de ignorância das probabilidades de resolução possíveis.

E existem até ocasiões que temos conhecimento e agimos, mas, se não der certo, o que pode acontecer por muitas razões que não vem ao caso no momento, achamo-nos incapazes e desistimos. Nas próximas vezes nem tentaremos, até porque já decretamos que não damos mesmo conta de prover a cura de determinadas feridas, do corpo ou da alma. E aí nos bandeamos para a confortável posição do mendicante.

Pedintes das benesses divinas

E, como bons pedintes, posição agradável à qual estamos acostumados e que, inclusive, ouvimos a vida toda ser confundida com demonstração de humildade, vamos solicitando as graças daqueles que julgamos saber o que é melhor e como fazer acontecer. Embora as três possibilidades estejam disponíveis no universo, isto é, aprender, agir ou pedir, via de regra corremos a solicitar a ajuda de nossos deuses e protetores, sem sequer ter tentado as duas anteriores ou qualquer outra coisa.

Já repararam como, na maioria das vezes, em vez de, por exemplo, pedir conhecimento, pedimos que nos tragam soluções imediatas ou cura para nossos problemas?

Se pedíssemos conhecimento ou caminhos lícitos para obtê-lo, poderíamos até reparti-lo, o que possibilitaria ampliar as probabilidades de socorro a muitos.

Será que nos julgamos incapazes de agir, não buscamos ou nos acomodamos porque, no íntimo, desejamos que o milagre chegue até nós? É possível.

Qual o melhor milagre?

Mas, afinal, qual seria o milagre mais belo a se esperar? Aquele que cura um indivíduo ou aquele que propicia que possíveis soluções cheguem a muitos?

De qualquer maneira, não seria mais interessante buscar um conhecimento que pudesse ser colocado à disposição de outros, para que cada um pudesse realizar seu próprio milagre? Querer o milagre só para nós não seria uma postura, até certo ponto, passageira, para não dizer, egoísta?

Colocar o conhecimento à disposição dos outros não significa, necessariamente, dar palestras, escrever livros ou assumir qualquer posição de intelectualidade. Na maioria absoluta das vezes, basta nosso exemplo. A nossa modificação.

Como quando um aborígene, ano após ano sendo surpreendido por um clima gélido e implacável, e cansado de implorar a seus deuses que lhe enviassem o calor necessário para a sobrevivência de seu corpo, aprendeu que procurar um abrigo nas cavernas existentes no alto da montanha e cobrir-se com peles de animais era mais eficiente, apesar de bem mais trabalhoso. Precisou caçar animais e escalar montanhas, entre muitas outras coisas. Mas, assim, todos que o observaram aprenderam e se beneficiaram. Até porque não havia outro jeito.

Faça seus próprios milagres

Não conseguimos ainda compreender, de fato, o que fazemos neste planeta, mas poderíamos afirmar que sejam quais forem as divindades possíveis no universo, sempre fomos ajudados com seus conhecimentos e não com milagres ou favores individuais. E todos os conhecimentos que nos foram e ainda são passados, batem, sem exceção, na tecla de nossa modificação pessoal como chave para nossa felicidade e para a sobrevivência do planeta.

Toda a natureza, cada ser vivo, sempre foram e serão os agentes das realizações na Terra. Não temos como escapar dessa realidade. Desta forma, não podemos nos acomodar. Precisamos tomar posse de nossa capacidade de buscar o conhecimento e de agir, assim como compartilhá-lo com compaixão.

Não espere milagre dos outros. Deuses, guias, santos, anjos ou outros avatares, não estão aqui para agir. Você está aqui para agir. Eles estão aqui para ensinar e mostrar os caminhos, se você tiver paciência para escutar e adquirir sabedoria, além de vontade de se modificar e forças para colocar mãos à obra.

Assim como o aborígene, que modificou sua postura e recebeu então a intuição de seus deuses sobre o que era preciso fazer, você também é e sempre foi o agente dos milagres. Faça-os acontecer.

Conclusões:

– É fundamental para o ser reconhecer as fontes de ajuda possíveis para sua modificação no universo e consequente alívio de suas dores.

– Reconhecidas as fontes de ajuda, saber o que esperar delas, isto é, transformar a expectativa do milagre pronto pela administração própria do conhecimento recebido, conquistado, permanente e generoso.

– A ação pessoal se torna instrumento decisivo no processo de cura.

– Nós somos os agentes dos milagres e não as divindades de nossas crenças. Estas apenas nos disponibilizam o conhecimento necessário.

45. O peso de caminhar sozinho

O Deus de cada um, que nunca teremos palavras ou pensamentos suficientes para definir, já que traduz apenas uma emoção pessoal, continuará sendo um enigma que ciência nenhuma conseguirá comprovar. Até porque essa comprovação não é necessária.

Você é autossuficiente quando o assunto é a morte?

Anos atrás um amigo precisou de uma internação hospitalar para uma cirurgia de um problema grave e, logo ao chegar, recebeu um questionário que deveria ser imediatamente respondido. Uma das perguntas era sobre sua crença religiosa.

Não tendo nenhuma específica ele pensou, até de forma divertida:

"Hum! Já que estou há poucas horas de entrar em um centro cirúrgico, seria bom dar uma estudada no assunto, pois ficar sozinho nesta situação, sem uma ajudinha divina, não parece lá muito bom."

Na hora do aperto a maioria das pessoas, mesmo as mais céticas, tendem a apelar para o divino. Esse temor inicial não durou mais que alguns segundos, mas suficientes para ele perceber que precisava parar um momento e chegar a uma definição.

Passado o primeiro impacto frente à surpresa da questão, tão simples e ao mesmo tempo tão complexa, pois mobilizou nele uma necessidade emocional premente de estabelecer uma relação de intimidade com um possível plano de amparo superior, escreveu simplesmente, com súbita convicção:

"Minha crença é em Deus."

Nascidos para morrer

Nascido condenado a morrer, desde sempre o ser humano buscou caminhos para a imortalidade. Trilhas que o livrassem de tão dolorosa condenação: sua própria finitude. E as melhores respostas sempre vieram da existência de uma suposta eternidade, onde cada povo, cada raça, cada homem em sua época, tentou estabelecer os tais caminhos para alcançá-la.

A maioria dessas estradas são pavimentadas, desde sempre também, pelas mais diferentes concepções religiosas. Desde as mais primitivas, quando deuses de pedra eram adorados, passando pelas sofisticadíssimas etapas que o morto precisaria cumprir para atingir o paraíso no antigo Egito, chegando às mais atuais e espiritualizadas.

Muitas religiões que não valorizam demasiadamente a matéria estão disponíveis nos dias de hoje. Para qualquer lado que se olhar lá haverá uma nova possibilidade.

Ciência ou religião

Neste novo mundo de tantas descobertas vibracionais, algumas destas religiões tentam dar conotações científicas às suas teorias atuais, no intuito de comprovar seus conceitos de vida após a morte e, em especial, as interações dos mundos suprafísicos com o mundo material.

Todavia, acreditamos que será difícil alguém ou alguma religião provar a existência de Deus ou dos meandros da vida após a morte. Até porque não é necessário, visto tratar-se apenas de um conceito, pessoal e intransferível.

Talvez apenas apontar um caminho fosse suficiente para que cada um, por si mesmo, pudesse observá-lo e escolhê-lo, se for o caso.

O homem comum não está preocupado que coisa alguma lhe seja provada. Só quer mesmo uma proposta para lidar com o mistério da morte, algo que o ampare e console. Procura apenas por um modelo de entendimento que vá de encontro ao seu sistema de crenças pessoal.

Todavia, para alguns, parece que encontrar respostas pela ciência tornaria a religião especial, mais séria ou melhor, de alguma forma. Será mesmo necessário?

Meu Deus é melhor que o seu

Muitas pessoas não têm respeito pelos conceitos ou convicções alheias e, quando se fala de religião, muitas vezes, isso atinge conotações insanas. É quando percebemos gente comum, aparentemente tranquila, tendo reações de extrema intolerância, sejam elas recheadas ou não de agressividade sensível.

Discutimos o assunto, repassamos mensagens lindas, lemos os livros santos, assistimos vídeos, frequentamos templos e ouvimos as vozes de religiosos de todos os tipos. Também admiramos intelectuais e cientistas tidos como iluminados em geral. Todavia, como tudo na vida, esse amontoado de informações vai entrando numa espécie de piloto automático. Seguimos em frente e esquecemos de nos perguntar:

"Afinal, qual é o Deus no qual tenho fé?"

"Qual é o Deus que necessito?"

Pior ainda quando lutas fraticidas se travam para decidir-se qual religião tem o melhor Deus ou é a mais verdadeira. Como se isso fosse possível.

Interesseiros das benesses divinas

Parece estranho pensarmos em Deus em cima do parâmetro "necessidade". Mas, infelizmente, ainda estamos nesse estágio. Somos interesseiros no geral e nossas crenças não escapam muito disso. Se nossas necessidades são supridas surge um Deus bom e justo, caso contrário, nos frustramos e, muitas vezes, passamos a buscar outro Deus, outras respostas, outros pastores, outras promessas.

De qualquer modo, será que deveríamos deixar que os outros definam esse Deus por nós?

Melhorar essa definição seria apenas para o nosso conforto pessoal, para viver com algo mais palpável, como a necessidade do meu amigo, que frente à doença, se viu incomodado quando teve a fugidia percepção de que não gostaria de estar só em uma possível trajetória para a morte.

O grande mistério

Tudo o que foi dito até aqui, entretanto, ainda passa muito longe de chegar perto de grandes mistérios essenciais do universo: acaso ou criação? Realidade ou ilusão?

O Deus de cada um, que nunca teremos palavras ou pensamentos suficientes para definir, já que traduz apenas uma emoção pessoal, continuará sendo um enigma que ciência nenhuma conseguirá comprovar. Até porque, voltamos a repetir: essa comprovação não parece necessária.

Precisamos deixar de achar que sabemos tudo nesse sentido e parar de querer convencer o outro do que é melhor para ele. Estamos frente a um mistério pessoal que jamais poderá ser chamado de universal. Assim, meu amigo chegou a uma definição, obrigado pelas circunstâncias, é verdade, mas que era somente dele, como deveria acontecer com todos nós.

A percepção ou não do Deus no qual alguém acredita não deveria importar para os outros, pois não é única e tampouco exemplo de verdade. E nem poderia ser. Apesar de já podermos palpitar que somos todos, possivelmente, apenas um, cada homem nesse planeta ainda se sente como um ser único. E, como tal, deve ser respeitado.

Então, que cada ser tenha a liberdade de buscar o seu caminho para entender suas relações com a divindade, suas relações com o frágil equilíbrio entre a vida e a morte.

Aquele caminho que é útil apenas para si mesmo. Tanto para minimizar a dor e o medo de um desamparo final, como para incrementar a própria compaixão para com os semelhantes, em vez de sair criticando ou, até mesmo, destruindo em cima de algo tão misterioso e imponderável.

Vá em frente. Se for reconfortante e adequado para você, encontre aquele Deus que é só seu, cuide da sua fé e não se preocupe em dar satisfações para os outros.

Conclusões:

– Quando as coisas ficam muito difíceis e o temor aparece, aparece também o desejo de ser amparado por algo divino.

– Desde que o mundo é mundo o homem corre atrás de garantir sua imortalidade através de crenças variadas.

– Obviamente, como não há consenso sobre os mistérios que cercam a divindade, cada ser tenta encontrar um Deus em particular que supra suas necessidades, mas não, sem antes, criticar o dos outros.

– Nesse processo, o ser pode até terminar seduzido por verdades alheias. Ao menos enquanto um percalço mais forte da vida o não o atingir, quando então o seu próprio sistema de crenças, que pode ter estado escondido, prevalecerá.

46. A irresistível preguiça mental

Muitos não percebem que se saíssem de sua zona de conforto, poderiam encontrar suas próprias verdades e não aquelas que foram, de alguma forma, copiadas, sugeridas, impostas ou, simplesmente, aceitas sem qualquer reflexão.

Você sabe o que é real na sua vida?

Conseguimos ver e compreender apenas uma pequena fração da realidade. Isto ocorre, ocorreu e sempre ocorrerá na humanidade. No passado vimos tantas lutas e pessoas dando suas vidas por acreditarem piamente em determinadas coisas. Em tempos posteriores, contudo, essas mesmas verdades viriam a ser consideradas meros pensamentos bizarros de uma época atrasada.

O curioso é que sempre criticamos ou debochamos da credulidade dos tempos antigos, mas nunca de nossas verdades de hoje que, inevitavelmente, também serão tidas como ridículas no futuro.

Pseudoverdades convenientes

O homem, que está sempre em busca de verdades, acaba agarrando fortemente aquela que lhe parece mais apropriada no momento. Sem cuidado ou humildade.

Nossas verdades são sempre relativas devido ao nosso limitado processo de pensamento, assim como às limitadas possibilidades que partem de uma visão única. Todavia, nos agarramos a elas como se fossem verdadeiras boias salva-vidas, pois é sempre cômodo dizer que tal ou qual dedução é verdadeira e que com ela pautaremos nosso modo de agir.

Parece correto do ponto de vista da ação, pois se esperarmos uma verdade absoluta, busca que parece ser eterna, nunca agiremos, pois estaremos sempre apenas buscando. Devemos nos assegurar que vivemos de acordo com os princípios que acreditamos, mas conscientes que isto é apenas uma estratégia de ação e não sua conclusão.

Discernimento sem um leque de opções?

O problema é que muitos agarram verdades como se fossem absolutas, como se fossem o fim em si mesmo, isto é, o término da busca, criando para si e para os que influenciam, uma única luz a ser seguida. Um único direcionamento.

Este fenômeno ocorre em todos os segmentos, dos científicos aos religiosos, levando a um falso desfecho de discernimento. Como podemos falar em discernimento se apenas uma única possibilidade é colocada em questão?

Usar um único viés de pensamento, nem sempre parece muito inteligente. Fica parecendo algo como: pode ser de qualquer cor desde que seja branco. Muitas religiões, especialmente, trabalham assim.

Agarrados então nesta verdade limitada e momentânea, as pessoas criam uma série de teorias e modelos para justificá-la. Pensamentos que permitam torná-la mais plausível, tanto para si mesmas, como para os outros. Às vezes sofisticam de tal maneira a proposta, que os que tentam compreendê-la acabam acreditando que deve ser mesmo uma verdade. Estamos treinados, condicionados a achar que coisas muito complexas e de difícil entendimento só podem estar corretas.

A simplicidade da mente humana

O caminho da realidade, entretanto, é sempre simples. Complexo e difícil é quebrar nossos condicionamentos para podermos ver o mundo através de uma nova ótica, menos sofisticada.

Não sabemos quantas vezes ouvimos falar que a mente humana é um emaranhado impenetrável. Já sabemos, todavia, que essa definição não corresponde mais à realidade nos dias de hoje.

Isso seria delegar nossas responsabilidades. E, como sempre, costumamos gostar dessa parte da vida.

Por exemplo, quando buscamos a verdade de nosso caminhar, vamos nos tornando seres mais abertos para o mundo e, geralmente, vamos encontrando outros caminhantes. Encantados, ouvimos de muitos deles já terem encontrado o caminho da felicidade, que é o que, afinal das contas, todos procuramos. Finalmente achamos aquela trilha mágica, e já demarcada, que nos levará com segurança até ela. E aí pensamos:

"Que maravilha! Ele encontrou. Vamos aproveitar esta sabedoria, esta verdade".

E assim, muitos vão se somando aos achados e verdades de terceiros. Começam a achar que o caminho do outro também pode ser o seu. Isto satisfaz, principalmente, às mentes mais preguiçosas. Aquelas que encontrando algo alheio, logo lhe abrem a porta e se deixam invadir, desde que esse algo seja belo e não dê muito trabalho.

Pelo lado das religiões, por exemplo, encontramos coisas do tipo:

"Hum! Ter que ir a tal templo uma só vez por semana e nada mais? Parece ótimo."

Preguiça mental

Somos assim mesmo. Temos preguiça de pensar. Poderíamos treinar o pensar, pois a preguiça mental só é eliminada pelo uso, pela eliminação da comodidade passageira.

Precisaríamos ativar, verdadeiramente, nossa capacidade de discernimento, começando por nossos próprios pensamentos, conhecimentos e verdades.

O que não dizer então do que vem de pessoas estranhas ou de fontes completamente desconhecidas? Infelizmente, isto exige atenção e muito trabalho mental de triagem. Nem sempre estamos preparados. Ficamos como que hipnotizados por sabedorias relativas que adquirimos dos outros e agimos, às vezes, como robôs teleguiados, vendo coisas óbvias e inquestionáveis, mesmo quando muitos nos alertam que ali não existe nada que se aproveite.

Os eleitos pelos deuses

Muitas vezes nos tornamos vaidosos de nossos conhecimentos, presos em uma aparente e, por vezes, duvidosa sabedoria.

Louvar ou orar? Cantar ou ajoelhar? Acender círios ou velas? Tomar banhos de ervas ou usar água benta? Meditar ou escalar montanhas para desfraldar bandeirolas de agradecimento? Tanto faz, desde que seja uma decisão refletida e pessoal.

Afinal, do que se trata a vida e o viver quando tentamos dar um passo além?

Muitos passam toda a vida em verdadeiras teias mentais, lembram? Nas amarras de dogmas ou propostas que reproduzem, dia após dia, sem saber muito bem a razão.

Não percebem que se saíssem, por um momento que fosse, de sua zona de conforto, poderiam encontrar suas próprias verdades e não aquelas que foram, de alguma forma, copiadas, sugeridas, impostas ou simplesmente aceitas sem qualquer reflexão. Talvez achassem caminhos mais trabalhosos, mas, com certeza, mais libertadores.

Não importa o caminho que seguimos em direção ao que acreditamos ser a felicidade, desde que seja nosso e construído com discernimento.

Conclusões:

– Vivemos num mundo de fantasia pautados por verdades relativas e convenientes.

– Confundimos estratégias momentâneas de ação com a própria verdade pessoal que deveríamos construir.

– Temos preguiça de pensar e desta maneira nos acomodamos às verdades alheias, sem discernimento, bom senso ou avaliação que pudessem nos mostrar o caminho que nos traria mais felicidade.

47. O filme de nossas vidas

Quando vemos o filme passar observamos não apenas um momento, mas um conjunto de vários momentos, numa sequência interminável de nossos melodramas pessoais. Nossas escolhas influenciam o universo e nosso caminho, construído que foi, por nós mesmos.

Entre a vida e a morte

Para compreender a morte, com milhares de pessoas desencarnando a todo momento, precisamos antes entender o mecanismo da evolução e dos destinos. Usamos o termo evolução apenas para facilitar o entendimento do texto, e nunca relacionado à iluminação, como poder-se-ia pensar.

Não existe um determinismo em cada vida na Terra. Cada ser tem um caminho ou uma prioridade, mas tem também liberdade para modificar esse contexto, alterando o seu meio e criando uma forma, digamos, de carma evolucional. Neste tipo de pensamento os destinos não estão previamente marcados, estão apenas orientados.

Não havendo determinismos individuais podemos perceber melhor o destino coletivo.

Nossas escolhas

O sistema universal não funciona com predeterminações. Se assim fosse não seria necessário ter vida em evolução. Dentro da grande consciência universal ou divindade, como muitos preferem dizer, os seres têm livre arbítrio, possibilidade de escolha e mudança. Tudo está interligado: o homem, a natureza e o universo, com causa e efeito.

Também há um caminho original na formação do universo físico e, da mesma maneira, também acontecem influências infinitas neste meio e, dentre estas, estão os outros planetas, meteoros, galáxias, universos e, no diminuto, as influências do homem em seu habitat.

Como se vê, as interligações são complexas, lentas no tempo do homem, mas efetivas. A ciência comprova, a cada dia, que elas acontecem. Fazem parte do complexo sistema da evolução, não apenas do homem, mas do universo observável.

O universo em permanente mutação

O processo de evolução só pode ocorrer por mudanças, por alterações. Sem movimento não há vida. Sem elas não há como crescer, pois tudo estaria estático e previamente determinado, cessando o processo de evolução, mesmo com os acontecimentos sendo dinâmicos.

A Terra, um dos elementos da evolução universal, também sofre suas alterações. Algumas por influências de seus habitantes, outras por influências de sua natureza ou do próprio universo a que pertence.

Quando ocorrem alterações mais significativas, podem atingir muitas partes do grande conjunto, influenciando os seres que a habitam.

A ira da divindade ou um processo natural?

Grandes alterações, quando sensíveis aos seres em seu tempo, são denominadas catástrofes, como terremotos, furacões, tsunamis e outras forças de transformações naturais.

Muitas vidas podem ser influenciadas e, até mesmo, interrompidas. Apesar de parecer cruel em primeiro plano, faz parte do grande processo da evolução.

Muitos entendem como castigo divino. Todavia, pode-se pensar num processo no qual todos estamos inseridos, sem exceção.

Naturalmente, é difícil aceitar que haja um jogo de dados no universo e que todos nós estejamos sujeitos à simples sorte ou casualidade. Para quem imagina um modelo de entendimento onde o homem tem uma única existência pode, por vezes, até parecer que existem injustiças ou azares na vida.

Para compreender melhor poderíamos imaginar outro modelo, onde o processo de evolução não se daria em uma vida apenas. Dar-se-ia em milhares de anos. Nunca cessaria. Imagine.

O filme de nossas vidas

Imagine que em determinado dia de sua vida, por exemplo, você tenha se cortado com uma faca. Se tirassem, no momento do corte, uma fotografia e mostrassem-na como sendo a sua vida, você seria, eterna ou unicamente, uma pessoa ferida. Agora, se fosse feita uma série de fotografias, poderíamos ver que, logo após o corte foi feito um curativo, seguido de boa cicatrização. Muito em breve, não restou qualquer marca deste incidente.

Neste segundo modelo, onde se supõe uma sequência de vivencias, você, a partir de então, se cortaria menos, pois sua essência teria aprendido a respeito das facas. Estaríamos pensando num filme que está sendo feito eternamente.

Já no primeiro modelo, pensamos em nossas vidas como uma fotografia de uma única existência, o que dificulta um pouco mais o entendimento da evolução.

Embora só possamos viver e tomar decisões no dia de hoje, os acontecimentos, aquilo que fizemos no passado, tem influência em nosso presente e talvez em nosso futuro, mesmo ele ainda não existindo.

Deixar para depois as modificações necessárias de nossa alma, aquelas que podem nos prover mais felicidade agora, aquelas que podem nos transformar em agentes de modificação do universo agora, não é uma atitude de sabedoria, uma vez que o futuro escapa de nosso controle.

As decisões e o carma

Seguindo na linha do segundo modelo, como se vê, há uma interligação entre todos os acontecimentos. Existem as escolhas anteriores da alma e depois as decisões do indivíduo encarnado, chamadas de livre arbítrio por alguns.

Quando vemos o filme passar observamos não apenas um momento, um flash de uma única existência, mas um conjunto de várias vidas numa sequência interminável de nossos melodramas pessoais. Nossas escolhas, nossas decisões e nossos atos influenciam o universo e nosso caminho, construído que foi, por nós mesmos. Cabe a nós, se quisermos, modificá-lo para melhor.

Ao optarmos pelo primeiro modelo, podemos também substituir as escolhas e as decisões de várias vivencias pelos sucessivos dias de nosso melodrama atual, analisando-os individualmente sem protecionismo.

Quando compreendermos melhor este complexo e interligado mecanismo da evolução, poderemos aceitar, no global, os sofrimentos e dificuldades que enfrentamos. Por que, afinal, uns se debatem nas águas enquanto outros encontram uma árvore para subir?

A Lei que rege de maneira perfeita a evolução universal é o amor. Praticando-o, o eterno crescimento se manterá.

Conclusões:

– Evoluir não significa iluminar-se. Significa modificar-se para poder contribuir, com mais eficiência, com todo o universo manifestado. Trazer mais felicidade a todos, incluindo a si mesmo.

– Nossas escolhas e decisões determinam nosso caminho e os acontecimentos coletivos do planeta. Desta maneira não podemos falar em destino.

– Ao identificar sofrimentos inúteis em seu caminho, cabe ao ser se encarregar de modificá-lo, analisando os acontecimentos e dando ênfase às suas necessárias modificações pessoais, já que não existe um determinismo anterior.

48. O ser despertou e está livre para sofrer ou ser feliz

> O homem aprendeu a escolher as lutas que quer lutar e que verdades absolutas não existem, pois tudo no universo depende da interpretação do observador. Aprendeu que viver o agora é um exercício mental de desapegar-se do passado, perceber o momento e admitir que não controla o futuro.

O homem despertou e percebeu seus condicionamentos e defeitos. Aplicou na vida o que aprendeu durante o processo de transformação. Agora ele pode escolher, de forma, verdadeiramente livre, entre sofrer ou ser feliz.

Felicidade e liberdade

Historicamente, há muitos e muitos anos, insistimos que a felicidade consiste em três coisas simples:

1ª Transformar problemas em oportunidades de aprendizado.

2ª Ser brando e resignado sem se sentir fraco ou fracassado, pois, ter razão não é aval para irritação e, além disso, querer tudo do nosso jeito nem sempre é possível, necessário ou inteligente.

3ª Quando nada mais tiver jeito, o perdão resolve tudo.

Sabemos hoje em dia, todavia, que existem atalhos para se chegar lá. Nesta caminhada de busca, o indivíduo também aprendeu os caminhos que, continuadamente, o manterão livre dos grilhões que os outros tentam lhe impor, além daqueles velhos conhecidos de sua própria história. Caminhos enlouquecidos e enlouquecedores, aos quais se adaptava para sobreviver dentro dos condicionamentos sedutores que lhe turvavam a razão.

Senão, vejamos:

O aprendizado realizado

– Aprendeu a conhecer e admitir seus defeitos. Descobriu quem é de verdade, sem os disfarces que foi criando no decorrer da vida. Tirou as máscaras e jogou fora as desculpas esfarrapadas que, tão sistematicamente e, às vezes, até inconscientemente, usou para justificar seus atos, pensamentos e sentimentos.

– Aprendeu a abandonar a confortável posição de vítima que o acalentou dentro da gaiola dourada que construiu para si mesmo. Sem responsabilidades pelas próprias dores, mas também sem nenhuma liberdade de escolha consciente e, por consequência, sem possibilidade de ser mais feliz verdadeiramente.

– Aprendeu a selecionar, além dos modismos, da insanidade e egoísmo dos homens donos das verdades, os objetos que seriam focos de atenção em sua vida, como amigos, fontes de informações, trabalho, atividades, laser, ideologias, doutrinas etc. Isto é, aprendeu a escolher as lutas que quer lutar e que verdades absolutas não existem, pois tudo no universo depende da interpretação do observador.

– Aprendeu com isso que cada ser escolhe os modelos de entendimento que lhe são peculiares e possíveis. Modelos que se adaptam ao seu nível de evolução dentro da grande consciência universal. Sabendo, inclusive, que não existe um modelo melhor que outro. Cada um serve para um determinado número de indivíduos, durante um determinado tempo de suas vidas.

– Aprendeu a não se incomodar com os naturais períodos de solidão que todos passam, tão criticados pela sociedade regida por leis ocasionais. Aprendeu a apreciar sua própria companhia e a desfrutar dos próprios pensamentos, sentimentos e da natureza a seu redor.

– Aprendeu a observar o mundo e a estar desperto e atuante dentro dele. Deixou de ser uma massa amorfa e egoísta que apenas olhava para o próprio umbigo, desinteressado das dores e alegrias dos demais seres na natureza. Abandonou o antigo hábito humano de esperar ou pedir que algum ser sobrenatural ou divindade cuidasse dos problemas que julgava alheios, enquanto cuidava apenas da própria vida. Isso quando não incluía os seus próprios problemas nas ordens de serviço.

– Aprendeu então, que estando consciente das aflições e alegrias do mundo, deveria e poderia agir como um agente de interferência no universo, fazendo a sua parte a cada momento na solução ou abrandamento dos problemas da humanidade. Descobriu suas potencialidades sutis e como usá-las.

– Aprendeu ainda a deixar de lado seus desejos e expectativas. Descobriu as diferentes nuances entre expectativa e esperança. Descobriu também as diferenças entre desejo e respeito às reais possibilidades e, principalmente, necessidades, suas e dos demais seres vivos.

– Além de tudo, aprendeu a ter empatia e compaixão. Pode ter deduzido que existem outras partes de si mesmo em outras pessoas. Partes que demandam atenção em seus sofrimentos, pois tudo e todos na natureza são impressões sencientes da própria consciência universal na qual está inserido. Pode inclusive ter percebido a possibilidade de sermos todos um e que a dualidade pode não existir da maneira como sempre a imaginamos.

Os milagres possíveis e o instante presente

Finalmente, aprendeu que é possível ao indivíduo fazer seus próprios milagres. Pode interferir no universo manifestado. Pode curar corpos e corações invertendo leis da natureza e direcionando a magia do amor para o destino apropriado. Aprendeu a observar e a diagnosticar o necessário. Aprendeu a ser proativo e a tomar decisões, tornando-se agente de transformação.

Sobretudo, aprendeu a não procurar pelos resultados de suas obras ou esperar recompensas, vivendo intensamente o momento presente, o único disponível para seu existir em paz com a unidade. Viver o agora é um exercício mental de desapegar-se do passado, perceber o momento e admitir que não controla o futuro.

Evoluir ou contribuir

A grande surpresa do ser foi perceber que não está aqui para evoluir, e sim para ser criativo, contributivo, solidário e para irradiar o bem, pois as pessoas, como diz o Dalai Lama, são essencialmente boas quando se libertam da luta individualista do seu sofrer.

O tão almejado combate às injustiças, desigualdades e sofrimentos do mundo começa na modificação do próprio ser humano, que é a essência da questão. Sem este passo rumo à libertação, sua mente não conseguirá contrapor as energias necessárias aos seus impulsos primitivos nesta grande ilusão que se convencionou chamar de vida.

> "A vida é algo que nos acontece enquanto estamos ocupados fazendo outros planos."
> John Lennon

FIM

OS FILHOS DAS ESTRELAS

MARIA TEODORA RIBEIRO GUIMARÃES
14x21cm – 288 páginas

Há milênios do nosso tempo, há milhares de anos-luz de distância, numa constelação longínqua, no grande planeta das estrelas gêmeas, vivia o personagem de Leo. Numa época em que nossos espíritos ainda vagavam pelas estrelas.

Este é o relato inédito do mais ancestral capítulo de nossa história sideral — a história de milhões de espíritos desta humanidade: os exilados de Capela. É a saga de seus erros e sofrimentos, até o exílio doloroso na Terra, desde as civilizações lemuriana e atlante.

Por meio da terapia de vida passada, Leo, um desses exilados, recorda suas vivências naquele mundo feliz, e reconstrói o cenário, de avançada tecnologia e evoluído modelo social, em que as viagens e estações espaciais e o esplêndido nível científico conviviam com uma ética espiritual elevada. Um paraíso perdido, que no fundo da consciência dos exilados permaneceria pelos milênios afora, sendo origem de mitos e de lendas.

A história de Leo, o exilado, é a história de muitos de nós; talvez a sua própria, leitor, que irá reencontrar nela os ecos do sentimento de nostalgia indefinida que permanece no fundo da alma desses filhos das estrelas.

Neste relato absolutamente inédito e único da literatura, pela primeira vez em nossa história se tem o depoimento pessoal autêntico de um capelino exilado, a descrição da vida naqueles mundos, os cenários de sofrimento do Astral, o exílio e a transmigração para a Terra.

Este livro é único. Mas ele irá tocar seu coração por ser profundamente verdadeiro. Não será esta, talvez, uma parte de sua própria história sideral?

Contatos da autora

Facebook: ***Ilumine verdades***
- Fraternidade do Grande Coração
Blog: *https://ilumineverdades.blog.br*
E-mail: *sbtvp@sbtvp.com.br*
E-mail: *informe@aumpram.org.br*
E-mail: *blogilumineverdades@gmail.com*
Instagram: ***blogilumineverdades***
Site: *www.sbtvp.com.br*

Fique à vontade para entrar em contato.
Respondemos todos as dúvidas.

DOUTOR DE MIM
foi confeccionado em impressão digital, em maio de 2023
Conhecimento Editorial Ltda
(19) 3451-5440 — conhecimento@edconhecimento.com.br
Impresso em Luxcream 80g - StoraEnso